당신에게 숨겨져 있는
긍정적인 힘을 찾아내시길 바라면서……

_____ 님께 드립니다.

巨松 단상록 1

박해양 지음

추천의 글

  살면서 많은 사람들을 만나곤 합니다. 그런데 만남이 여럿 차례 되었음에도 여전히 데면데면 지내게 되는 사람이 있는 반면에, 단 한번 만났어도 금세 친해지는 사람이 있습니다. 이 책의 저자가 바로 후자 중 한 사람입니다.

  저자와의 만남은 항상 즐거웠습니다. 그의 우렁우렁한 목소리와 호탕한 웃음, 다양하고 해박한 지식과 해학, 기타 반주에 맞춰 멋진 친구들과 함께 부르는 추억의 깃든 노래, 이에 곁들여진 된장, 고등어 등 맛깔난 음식, 특히 몇몇 발효 성분을 그 자신의 비법으로 추가한 막걸리 등등, 쉬이 가까워지고 오래 기억할 수밖에 없습니다.

  저자를 만난 다음 날부터 매일 그 요일의 첫 글자로 시작하는 멋진 글을 메시지로 전송받아 왔는데, 이를 책으로 엮었습니다. 대단합니다. 책을 보면 글의 처음을 각 요일의 첫 글자로 시작하는 단어로만 풀어나가는 발상이 재미있습니다. 하고자 하는 말 모두가 월화수목금토일의 7개 음으로만 시작하는데, 이러한 단순화가 놀랐습니다. 그러나 책을 읽다 보면 그 속에 세상 이치가 다 들어 있으니, 신기할 뿐입니다.

  책 곳곳에 지식과 지혜의 보배 구슬이 널려 있습니다. 독자들은 구슬을 꿰어 가기만 하면 됩니다. 처음부터 끝까지 꿰어 다 가질 필요도 없습니다. 그저 필요한 만큼만 가져도 충분합니다.

  이 책을 읽는 분들 모두가 부디 필요한 지식과 지혜의 보배 구슬을 꿰어 가지시길 손 모아 바랄 뿐입니다.

2019. 10
울산지방법원 부장판사 김 현 환

▍권두언

저는 작가作家가 아니라, 잡가雜家입니다.

　지금 잡가는 성경책을 읽기 위해 촛대를 훔친 심정으로 이 글을 쓰고 있습니다. 그 동안 수많은 책을 읽다가 아름답고 황홀한 보석 하나하나를 발견할 때마다 짜릿한 활자 오르가즘을 느꼈습니다.
　그때마다 문장에 밑줄을 긋고, 수첩에 옮겨 놓았던 주옥같은 글들을, 때론 라디오에서 흘러나오는 영혼의 필수 아미노산 같은 말들을 적어두었다가 잡가의 생각 조미료를 가미하기도 하였습니다.
　잠시나마 삶에 지친 영혼에게 위안을 주기 위해, 웃음을 주기 위해, 행복을 주기 위해 '월, 화, 수, 목, 금, 토, 일' 요일별로 문구를 달아 『365일, 씨詩 부리지마라』라는 잡서雜書를 완성하였습니다.
　페이지마다 세상에서 가장 아름다운 말 '감사합니다. 고맙습니다. 사랑합니다.'라고 적은 것은 '감사합니다'는 윗사람에게, '고맙습니다'는 아랫사람에게 지칭하기도 하지만 '감사합니다. 고맙습니다.'는 원래 신(神)을 대하 듯 존경한다는 뜻을 지닌 말이자, 은혜를 베푼 상대방에게 전하는 말입니다.
　2009년 2월 16일 김수환 추기경께서 선종善終하시면서 남긴 말이 "감사합니다, 고맙습니다, 서로 사랑하십시오."라고 하였습니다.
　이 유명한 유언 한마디로 천주교는 물론 개신교, 불교 심지어 무신론자들도 깊이 반성하는 마음으로 세상을 다시 보게 되었다고 합니다.

 감사하는 마음은 불행을 막아주는 마법의 열쇠이고, 고맙다는 마음은 어떤 상황에 처해 있더라도 행복한 순간을 만들어 주는 마음이며, 사랑한다는 마음은 세상을 아름답게 꾸며주는 마음입니다.
 그리고 우리가 미국에 가서 살고 싶으면 영어를 알아야 하고, 중국에 가서 살고 싶으면 중국어를 알아야 하며, 천국天国에 가서 살고 싶으면 천국어天国語를 알아야 합니다.

 천국어가 바로 …
"감사합니다.", "고맙습니다.", "사랑합니다." 입니다.
천국어를 생활화할 때 분명히 우리는 천국에 갈 것입니다.

2019년 가을에
지은이

차례

월요일(Monday) • 13
화요일(Tuesday) • 14
수요일(Wednesday) • 15
목요일(Thursday) • 16
금요일(Friday) • 17
토요일(Saturday) • 18
일요일(Sunday) • 19
월광(月光) • 20
화청지(華淸池) • 21
수당지계(垂堂之戒) • 22
목란사(木蘭辭) • 23
금당(金堂) • 24
토머스 에디슨 • 25
일비(一臂) • 26
월성(月城) • 27
화(禍) • 28
수주탄작(隨株彈雀) • 29
목기법(木寄法) • 30
금슬부조(琴瑟不調) • 31
토반(土班) • 32

일희(溢喜) • 33
월강(月講) • 34
화촉동방(華燭洞房) • 35
수덕사(修德寺) • 36
목모(木母) • 37
금정옥액(金精玉液) • 38
토마스 제퍼슨 • 39
일일신우일신 • 40
월강경전(越江耕田) • 41
화촉지구(華燭之具) • 42
수심가지(水深可知) • 43

목적인(目的因) • 44
금척대훈장 • 45
토왕지절(土旺之節) • 46
일조권(日照權) • 47
월광병(月光病) • 48
화생어다탐(禍生於多貪) • 49
수명어천(受命於天) • 50
목주(木主) • 51
금슬화명(琴瑟和鳴) • 52

토당(土堂) • 53
일희일경(一喜一驚) • 54
월광단(月光緞) • 55
화엄사(華嚴寺) • 56
수릉관(守陵官) • 57
목말(木末) • 58
금란부(金蘭簿) • 59
토르소(Torso) • 60
일겸사익(一兼四益) • 61
월흔(月痕) • 62
화쟁사상(和諍思想) • 63
수자해좃 • 64
목소리 온도 • 65
금중(禁中) • 66
토마호크 미사일 • 67
일일천추(一日千秋) • 68
월류봉(月留峯) • 69
화복상관(禍福相貫) • 70

수기치인(修己治人) • 71
목눌(木訥) • 72
금강(金剛) • 73

토머스 울프 • 74
일도삼례(一刀三禮) • 75
월년생초본 • 76
화목(和睦) • 77
수석침류(漱石枕流) • 78
목통(木通) • 79
금구설(金口說) • 80
토어(土語) • 81
일자백금(一字百金) • 82
월용(月容) • 83
화정(火定) • 84
수도(竪刀) • 85
목렴(木廉) • 86
금구(金句) • 87
토괴(土塊) • 88
일심만능(一心萬能) • 89
월로승(月老繩) • 90
화간접무(花間蝶舞) • 91
수괴무면(羞愧無面) • 92
목노비(木奴婢) • 93
금시발복(今時發福) • 94
토우(土宇) • 95
일신천금(一身千金) • 96
월요일(月曜日) • 97
화복규승(禍福糾繩) • 98
수난일(受難日) • 99
목왕지절(木旺之節) • 100
금자탑(金字塔) • 101

토사호비(兎死狐悲) • 102
일상일영(一觴一詠) • 103
월석(月夕) • 104
화엄세계(華嚴世界) • 105
수륙진미(水陸珍味) • 106
목리(木理) • 107
금강경언해(金剛經諺解) • 108
토마스 베일리 • 109
일사오리(一死五利) • 110
월령의(月令醫) • 111
화향백리(花香百理) • 112
수은(殊恩) • 113
목화(木花) • 114
금미지취(金迷紙醉) • 115
토우목마(土牛木馬) • 116
일취천일(一醉千日) • 117
월훈(月暈) • 118
화주승(化主僧) • 119
수승화강(水昇火降) • 120
목인소설(牧人小說) • 121
금군삼청(禁軍三廳) • 122

토광(土鑛) • 123
일별삼춘(一別三春) • 124
월파(月波) • 125
화방초(花房草) • 126
수미산(須彌山) • 127
목종(穆宗) • 128
금혼초(金婚草) • 129
토왕성폭포(土旺城瀑布)
• 130
일순천리(一瞬千里) • 131

월리사(月裡寺) • 132
화만초(花蔓草) • 133
수산호(水珊瑚) • 134
목정(木精) • 135
금불초(金佛草) • 136
토색(討索) • 137
일수일체수 • 138
월경(月經) 나이 • 139
화생어경만(禍生於輕慢)
• 140
수문수답(隨問隨答) • 141

목탁귀신(木鐸鬼神) • 142
금권(金券) • 143
토기(土器) • 144
일인일기(一人一技) • 145
월창야화(月窓夜話) • 146
화창포(花菖蒲) • 147
수불석권(手不釋卷) • 148
목성(木聲) • 149
금광초(金光草) • 150
토호(土豪) • 151
일문일족(一門一族) • 152
월계화(月季花) • 153
화혜복지소의
(禍兮福之所倚) • 154
수박풀 • 155
목석한(木石漢) • 156
금고종신(禁錮終身) • 157
토리(土理) • 158
일수백확(一樹百穫) • 159
월동력(越冬力) • 160
화구(火口) • 161
수간모옥(數間茅屋) • 162

목계별신제(牧溪別神祭)
• 163
금화지(金貨紙) • 164
토정 이지함 만지마을 • 165
일빈일소(一嚬一笑) • 166
월일천년경(月日千年鏡)
• 167
화무일어다정밀
(花無一語多情蜜) • 168
수소(愁訴) • 169
목지촌(木芝村) • 170
금화규(金花葵) • 171
토인비 • 172
일리일해(一利一害) • 173
월강리(月岡里) • 174
화광동진(和光同塵) • 175
수어지친(水魚之親) • 176
목괴포장(木塊鋪裝) • 177
금사화(錦賜花) • 178
토주어비(兎走烏飛) • 179
일락천장(一落千丈) • 180
월성일(月星日) • 181
화류장(花柳場) • 182

수욕정이풍부지 • 183
목본경(木本莖) • 184
금시조(金翅鳥) • 185
토적성산(土積成山) • 186
일남지(日南至) • 187
월로지학(月露之學) • 188
화선(畵仙) • 189
수원숙우(誰怨孰尤) • 190
목금(木琴) • 191
금심수구(錦心繡口) • 192

토기양미(吐氣揚眉) • 193
일의직도(一意直到) • 194
월녀제희(越女齊姬) • 195
화중유시(畵中有詩) • 196
수후지주(隋候之珠) • 197
목설(木屑) • 198
금혁지난(金革之難) • 199
토라치리(兎羅雉羅) • 200
일이위상(日以爲常) • 201
월이산영개일하루흔소
(月移山影改日下樓痕消) • 202

화종구생(禍從口生) • 203
수서(首鼠) • 204
목석불부(木石不傅) • 205
금란지의(金蘭之誼) • 206
토가(土架) • 207
일점홍(一點紅) • 208
월경운객(月卿雲客) • 209
화우계(火牛計) • 210
수인사대천명
(修人事待天命) • 211
목인석심(木人石心) • 212
금곡주수(金谷酒數) • 213
토서(土書) • 214
일의전심(一意專心) • 215
월로(月露) • 216
화중신선(花中神仙) • 217
수상유(水上油) • 218
목우(沐雨) • 219
금구목설(金口木舌) • 220
토서혼(土鼠婚) • 221
일모도궁(日暮途窮) • 222
월색(月色) • 223

화피초목(化被草木) • 224
수중축대(隨衆逐隊) • 225
목자득국(木子得國) • 226
금석위개(金石爲開) • 227
토졸(吐猝) • 228
일고삼장(日高三丈) • 229
월성최(月城崔)씨 • 230
화유중개일인무갱소년
(花有重開日人無更少年) • 231
수시응변(隨時應變) • 232
목식이시(目食耳視) • 233
금곤복거(禽困覆車) • 234
토록(土綠) • 235
일일삼성(一日三省) • 236
월헌집(月軒集) • 237
화룡유구(畫龍類狗) • 238
수고무강(壽考無疆) • 239
목불지서(目不之書) • 240
금의옥식(錦衣玉食) • 241
토로(吐露) • 242
일척건곤(一擲乾坤) • 243
월랑(月廊) • 244

화서지국(華胥之國) • 245
수류운공(水流雲空) • 246
목우즐풍(沐雨櫛風) • 247
금선(金仙) • 248
토활(土猾) • 249
일고경국(一顧傾國) • 250
월성김씨(月城金氏) • 251
화부재양(花不再揚) • 252
수거불부회언출난갱수
(水去不復回言出難更受) • 253
목어(木魚) • 254

금수의끽일시
(錦繡衣喫一時) • 255
토사(土麝) • 256
일월영측(日月盈仄) • 257
월년잠종(越年蠶種) • 258
화촉지전(華燭之典) • 259
수우적강남(隨友適江南)
• 260
목단어자견(目短於自見)
• 261

금고일반(今古一般) • 262
토옥(土沃) • 263
일엽소선(一葉小船) • 264
월광독서(月光讀書) • 265
화광충천(火光衝天) • 266
수상수하(手上手下) • 267
목혼식(木婚式) • 268
금보리견시(錦褓裏犬屎) • 269
토주(討酒) • 270
일패도지(一敗塗地) • 271
월륜(月輪) • 272
화홍유록(花紅柳錄) • 273
수적촌루(銖積寸累) • 274
목사(木絲) • 275
금불여고(今不如古) • 276
토머스 제퍼슨 • 277
일자불식(一字不識) • 278
월선(月膳) • 279
화우동산(花雨東山) • 280
수절사의(守節死義) • 281
목록의회(目錄議會) • 282
금오옥토(金烏玉兎) • 283
토분(土盆) • 284

일불가급(日不暇給) • 285
월하침 삼경(月下沈三更) • 286
화화(花火) • 287
수은망극(受恩罔極) • 288
목사(目四) • 289
금사화(禁蛇花) • 290
토선(土蘚) • 291
일이관지(一以貫之) • 292
월단(月旦) • 293
화안시(和顔施) • 294
수절원사(守節冤死) • 295
목견(目見) • 296
금전옥루(金殿玉樓) • 297
토연(土煙) • 298
일간두옥(一間斗屋) • 299
월영(月影) • 300
화방작첩(花房作妾) • 301
수왈불가(誰曰不可) • 302
목지국(目支國) • 303
금성(金城) • 304
토밀(土蜜) • 305

일언반구(一言半句) • 306
월형(月刑) • 307
화조(花鳥) • 308
수구지가(數口之家) • 309
목하(目下) • 310
금여(金與) • 311
토지소산(土地所産) • 312
일목난지(一木難支) • 313
월병(月餠) • 314
화불단행(禍不單行) • 315

수월경화(水月鏡花) • 316
목맥(木麥) • 317
금은지국(金銀之國) • 318
토막민(土幕民) • 319
일립지곡필분이식
(一粒之穀必分而食) • 320
월침(月沈) • 321
화중은일(花中隱逸) • 322
수무족도(手舞足跳) • 323
목례(目禮) • 324
금일지사(今日之事) • 325

토룡(土龍) • 326
일부토(一扶土) • 327
월명(月明) • 328
화척(禾尺) • 329
수천일벽(水天一碧) • 330
목간(木簡) • 331
금석지공(金石之功) • 332
토설(吐說) • 333
일세지웅(一世之雄) • 334
월음(月陰) • 335
화안(花顏) • 336
수색만면(愁色滿面) • 337
목로(沐露) • 338
금귀(錦歸) • 339
토우(土雨) • 340
일할(一割) • 341
월해(越海) • 342
화담집(花潭集) • 343
수진지만(守眞志滿) • 344
목석간장(木石肝腸) • 345

금야(今夜) • 346
토머스 칼라일 • 347
일조일석(一朝一夕) • 348
월사(月榭) • 349
화장세계(華藏世界) • 350
수사두호(隨事斗護) • 351
목우인의(木遇人衣) • 352
금명간(今明間) • 353
토사(吐絲) • 354
일언불중천어무용
(一言不中千語無用) • 355
월출천개안(月出天開眼)
• 356
화병(畵餠) • 357
수자부족여모
(豎子不足與謀) • 358
목우석인(木遇石人) • 359
금준(金樽) • 360
토파(討破) • 361
일장춘몽(一場春夢) • 362
월하점(月下點) • 363
화조화(花鳥畵) • 364

수제조적(獸蹄鳥跡) • 365
목실유(木實油) • 366
금란계(金蘭契) • 367
토역(討逆) • 368
일단사일두갱
(一簞食一豆羹) • 369
월(月) • 370
화성(火星) • 371
수성(水星) • 372
목성(木星) • 373
금성(金星) • 374
토성(土星) • 375
일(日) • 376

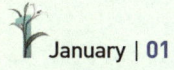
January | 01

월요일 Monday

♥ **월요일**, 월요일Monday은 고대 영어Day Of Moon에서 유래되었습니다. 달(月)에게 바쳐진 날이라는 뜻입니다.

★ 1월January은 새해의 문Door을 연다는 의미로 라틴어 어원 Janus에서 유래되었습니다. 심비디움을 1월의 꽃으로 선정한 이유는 국민들이 잘 살기를 바라는 뜻으로, 꽃말은 미인, 귀부인이랍니다.

♣ 1월 1일이 새해 첫날이라는 것은 모르는 사람은 없지만, 언제 누구에 의해 만들어졌는지 아는 사람은 별로 없습니다. 1년, 12달(365. 25일)은 로마황제 시저가 이집트 알렉산드리아에 사는 유명한 천문학자 소시게네스의 도움을 받아 만들었답니다.

♥ 감사합니다. ♥ 고맙습니다. ♥ 사랑합니다.

January | 02

화요일 Tuesday

♥ **화요일**, 화요일Tuesday은 북유럽 신화에 등장하는 전쟁의 신 타르Tyr에서 유래되었는데, 고대 중세 영어 Twi가 변한 것입니다. 로마신화에서 전쟁의 신은 마르스Mars이고, 화성을 뜻합니다.

★ 기자가 빌게이츠에게 물었습니다. "세계적인 갑부가 된 비결이 무엇입니까?" 그러자 빌게이츠는 "저는 매일 나 자신에게 최면을 겁니다"
하나는 "오늘은 왠지 나에게 큰 행운이 일어날 것이다"
둘은 "나는 뭐든지 할 수 있다"고 말입니다. (꿈은 곧 이루어집니다.)

♣ 뜨거운 열정은 태양도 졌다고 무릎 꿇으며, 두 손 들고 항복하게 합니다.
(인생의 승리자가 되기 위해 열정과 동거합시다.)

January | 03

수요일 Wednesday

♥ 수요일, 수요일Wednesday은 북유럽 전설에서 폭풍의 신Woden에서 유래되었습니다. 수성을 뜻하는 머큐리Mercury는 수은 혹은 폭풍 등 물과 연관되어 있습니다.

★ 해충들에게는 살충제가 유일한 소통 도구이고, 부패하고 이기적인 정치인들에겐 국민들의 몽둥이가 유일한 소통 도구입니다.

♣ 세상에 변하지 않은 것은 없습니다. 단 변하지 않는 것은 세상이 변한다는 사실 만큼은 변하지 않습니다.

January | 04
목요일 Thursday

♥ **목요일**, 목요일 Thursday 은 북유럽 전설에 등장하는 천둥과 벼락의 신(神), 토르Thor 에서 유래되었습니다. 그리고 로마 신화에서 벼락의 신은 쥬피테르Jupiter 즉, 목성Jupiter을 뜻합니다.

★ 우리나라 최초 보이스 피싱 원조는 봉이 김 선달입니다. 왜냐하면 잔머리로 사람의 귀를 속여 선달 벼슬을 얻었고, 꽁꽁 언 대동강에 짚을 뿌려 논으로 팔아먹은 것은 사람들의 눈과 마음을 속인 것이니까요.

♣ 삶에 있어서 최고의 용기는 사랑하는 용기입니다.
그래서 사랑은 늘 배고프고 목마르고 외롭습니다.
왜냐하면 더 사랑하고 싶어서입니다.

January | 05
금요일 *Friday*

♥ **금요일**, 금요일Friday은 사랑Love을 의미하는 라틴어Ven에서 비롯되었습니다. 영어로 비너스Venus는 금성, 사랑, 미의 여신을 의미합니다.

★ 되는 집안은 감사와 기쁨이 주식(主食)이고, 안 되는 집안은 불평과 원망이 주식(主食)입니다.

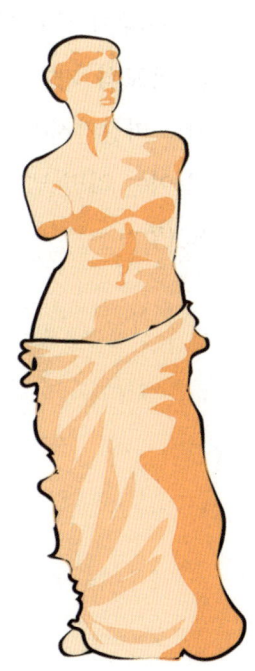

♣ 돈이 아무리 많아도 쓸 줄 모르면 짐승과 다를 바 없고, 학벌이 아무리 좋아도 의롭지 않으면 벌레와 다를 바 없습니다.

♥ 감사합니다. ♥ 고맙습니다. ♥ 사랑합니다.

January | 06

토요일 Saturday

♥ **토요일**, 토요일 Saturday 은 로마신화에서 농업의 신으로 사투뉴스 Saturnus 이고, 영어로는 토성 Saturn 에서 유래되었습니다.

★ 운동선수가 들고 있는 야구 방망이와 조폭들이 들고 있는 야구 방망이는 용도와 가치가 다릅니다.
책도 마찬가지입니다. 같은 책이라도 어떤 이는 인생의 필독서로, 어떤 이는 라면 냄비 받침대 혹은 수면제 대용으로 사용하고 있으니까요. (헐ㅋㅋ)

♣ 도시와 도시를 연결하는 것은 길이고, 사람과 사람을 연결하는 것은 사랑입니다. (사랑하고 사랑합시다)

January | 07

일요일 *Sunday*

♥ **일요일**, 일요일 Sunday 은 고대 영어에서 유래되었고, 해(日)에게 바쳐진 날 Day Of Sun 이란 뜻입니다.

★ 아픔도 없고 슬픔도 없는 인생을 바라지 마십시오. 국물도 없고 반찬도 없는 맨밥을 무슨 맛으로 즐기겠습니까?

♣ 되는 집안 여자들은 마음을 뜯어고치고, 안 되는 집안 여자들은 얼굴과 가슴만 뜯어고칩니다.

January | 08

월광 月光

♥ **월요일**, 월광(月光)이란 달에서 비쳐오는 빛을 말하지만, 일반적으로 독일 작곡가 베토벤의 피아노 제14번을 일컫는 말입니다.

★ 글은 금속과 같아서 사흘만 책을 읽지 않으면 문장에 녹이 쓴다는 사실을 잊어서는 안될 것입니다.(책 사랑이 성공의 지름길)

♣ 똥이 더럽다고 피하기만 하면 언젠가는 온 세상이 똥밭으로 변해 버립니다. 똥같은 인간들을 없애기 위해 똥은 피하는 것이 아니라 치워야 합니다.

January | 09

화청지 華淸池

♥ **화요일**, 화청지(華淸池)란 당나라 현종과 양귀비가 사랑을 나누었던 온천탕으로써 중국 산시성 여산 서북 기슭에 있습니다.

★ 오리나무는 산길 표시를 위해 오리마다 심었다고 하여 붙여진 이름입니다.

♣ 지갑의 부피에 따라 인간의 가치를 판단하는 것은 인간에 대한 모독이자, 인간을 창조하신 하느님에 대한 철저한 모독입니다.

January | 10

수당지계 垂堂之戒

, 수당지계(垂堂之戒)란 장래가 촉망되는 자식은 위험을 가까이해서는 안 된다는 경계의 말입니다.

★ 소도 큰 소라고 부르면 좋아하듯이 사람도 존댓말하고, 예의를 갖추면 좋아합니다.

♣ 되는 집안은 좋은 글 좋은 말을 가보(家寶)로 삼고, 안 되는 집안은 TV 연속극을 보물로 삼습니다.

January | 11

목란사 木蘭辭

♥ **목요일**, 목란사(木蘭辭)란 중국 남북조 시대 지어진 장편 서사시로써, 고금악록(古今樂錄)에 수록되어 있습니다.

★ 실연(失戀)은 마음의 감기 같아서 시간이 흐르면 저절로 치유됩니다.

♣ 희망(希望)은 어떤 것도 보장해 주지 않습니다. 다만 힘든 노력만이 무엇이든 보장해 줄 따름입니다.

January | 12

금당 金堂

♥ 금요일, 금당(金堂)이란 오행의 중심을 상징하는 황색 또는 금 부처님을 안치하는 전당을 고려 초까지는 금당이라 하였고, 이후 법당(法堂)이라 불렀습니다. 법당이란 '자유와 진리로 충만한 영원한 법의 집'이라는 뜻입니다.

★ 인간에게 가장 아름다운 화장(化粧)은 곧 교양(敎養)이랍니다.

♣ 진심이 사라진 인간관계는 유통기간이 지나 폐기처분되어야 할 통조림과도 같습니다.

토머스 에디슨

♥ **토요일**, 토머스 에디슨은 성공하려면 실패한 사람이 하지 않은 일을 기꺼이 하는 사람이 성공한다고 했습니다.

★ 미운 사람이 많을수록 행복은 반비례하고, 좋아하는 사람이 많을수록 행복은 정비례합니다.

♣ 끊임없이 도전하는 자에게는 진정한 실패란 없습니다.

January | 14

일비 一臂

♥ **일요일**, 일비(一臂)란 한쪽 팔 또는 한쪽 팔꿈치라는 뜻으로 늘 가까이에서 도움을 주는 사람을 말합니다.

★ 간섭은 '어긋난 굴레의 고통' 입니다.
진정 사랑한다면 사랑하는 사람을 간섭하지 마십시오.

♣ 인생 대학에는 졸업이 없습니다. 끊임없이 배우고 또 배워야 합니다.

January | 15

월성 月城

♥ **월요일**, 월성(月城) 원자력의 월(月)자는 외형만 보면 원자로 격납고가 月자 모양이고, 성(城)자는 원자로와 격납고를 합치면 조그만 성(城) 모양이 됩니다. 이것은 수천 년 전 선조들께서 경주 월성에 원자력 발전소가 들어선다는 것을 미리 예견하고 붙인 지명이 아닐까요?

★ 번뇌를 등에 짊어지고 가면 짐이 되고, 가슴에 안고 가면 사랑이 됩니다. 그래서 아기는 짊어지는 것이 아니라 사랑이 가득 담긴 말, 업고 간다고 합니다.

♣ 세계 최초 뻥 브래지어를 사용한 사람은 세상을 유혹한 여자 바로 마릴린 먼로랍니다.

♥ 감사합니다. ♥ 고맙습니다. ♥ 사랑합니다.

화 禍

♥ **화요일**, 화(禍)를 안고 사는 것은 독(毒)을 안고 사는 것과 같습니다. 그러므로 화(禍)는 모든 불행의 근원입니다.

★ 꽃이 하늘로 가면 별이 되고, 별이 땅으로 오면 꽃이 됩니다. 그래서 별과 꽃은 둘이자 하나랍니다.

♣ 재떨이와 베풀 줄 모르는 부자는 모일수록 더러워집니다.

January | 17

수주탄작 隨株彈雀

♥ 수요일, 수주탄작(隨株彈雀)이란 구슬로 날아가는 참새를 쏜다는 말로, 적은 것을 얻으려고 큰 것을 버린다는 뜻입니다.

★ 미소(微笑)를 사거나 빌리거나 훔칠 수 없는 것은 미소 짓는 그 순간에만 가치가 있기 때문입니다.

♣ 우리가 사랑해야 하는 가장 큰 이유는 이 세상에 사랑 없이 태어난 것은 아무것도 없기 때문입니다.

♥ 감사합니다.　♥ 고맙습니다.　♥ 사랑합니다.

January | 18

목기법 木寄法

♥ **목요일**, 목기법(木寄法)이란 조각에서 여러 가지 재료를 모아서 한 개 나무를 가지고 조각한 것처럼 보이도록 만드는 방법을 말합니다.

★ 간절함이 없다면 꿈도 꾸지 마십시오. 반드시 이룰 수 있다고 굳게 믿는 간절한 노력이 있을 때 꿈도 이루어집니다.

♣ 되는 집안은 나눔의 즐거움을 알고, 안 되는 집안은 돈 세는 즐거움 밖에 모릅니다.

January | 19

금슬부조 琴瑟不調

♥ 금요일, 금슬부조(琴瑟不調)란 부부가 서로 화목하지 못하다는 뜻입니다.

★ 개(犬)들이 권력 주변에 득실거리면 현명한 사람들이 모여들지 않습니다.
왜냐하면 개는 아무리 온순해도 잠재적인 늑대니까요.

♣ 술에 취하면 정신을 잃고, 마약에 취하면 이성을 잃지만, TV에 취하면 모든 걸 마비 시켜 사람을 바보로 만듭니다. 그래서 TV를 바보상자라 합니다.

January | 20

토반 土班

♥ 토요일, 토반(土班)이란 여러 대(代)를 이어서 한 시골 마을에 붙박이로 사는 양반을 말합니다.

★ 고환이 쭈글쭈글한 이유는 우량 정자생산을 위해 고환 온도를 낮추기 위함입니다. 그래서 방열기구처럼 언제나 쭈글쭈글 주름투성이로 매달려 있답니다.

♣ 갈대가 바람에 쓰러지지 않는 이유는 바람과 싸우지 않고 서로 소통하기 때문입니다.

January | 21

일희 溢喜

♥ **일요일**, 일희(溢喜)란 이것보다 더 좋은 기쁨은 없다는 뜻입니다. 매일매일 일희 하십시오.

★ 하느님이 욕을 만든 이유는, 사람을 칼로 찌르면 살인이 되고, 주먹이나 발로 차면 폭력이 되니까, 스트레스를 해소하라고 욕을 만들었습니다. 건강을 위해 나쁜 인간들에게는 욕을 해도 무죄입니다.

♣ 뜨겁게 사랑하십시오. 그러면 치매도 도망가고 없습니다.

January | 22

월강 月講

♥ **월요일**, 월강(月講)이란 조선 시대 예조(禮曹)에서 성균관과 사학(四學) 유생들에게 한 달에 한 번 강서(講書)를 시험하던 일입니다.

★ 남을 험담하는 것은 그 사람을 부러워하고 시기 질투하기 때문입니다.

♣ 잘 되는 집안은 사랑과 열정이 불타고, 안 되는 집안은 증오와 원망의 목소리가 가득합니다.

January | 23

화촉동방 華燭洞房

♥ **화요일**, 화촉동방(華燭洞房)이란 신혼부부가 첫날밤을 지내는 것을 말합니다.

★ 남자가 여자 마음을 잘 알면 여자들에게 인기가 높습니다. 플레보이들은 이 방면에 도사지요.
하지만 여자가 남자 마음을 잘 알면 남편의 귀가(歸家) 시간이 빨라집니다.

♣ 사랑은 여자를 급속도록 아름답게 만드는 고성능 화장품입니다.
(여자들이여! 아름다워지고 싶으면 열렬히 사랑하십시오)

♥ 감사합니다. ♥ 고맙습니다. ♥ 사랑합니다.

January | 24

수덕사 修德寺

♥ , 수덕사(修德寺), 통도사(通度寺), 백양사(白羊寺), 해인사(海印寺), 송광사(松廣寺)는 한국 불교 5대 총림입니다. 그중 수덕사는 백제 위덕왕 때 고승(高僧)인 지명대사가 세웠습니다.

★ 부정적인 사람을 가까이 하지 마십시오. 그 사람이 바로 부정 타는 사람입니다.

♣ 감사합니다란 말은, 민들레 홀씨처럼 온 세상에 퍼져 세상을 기름지게 만들어 줍니다.

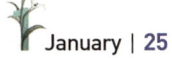January | 25

목모 木母

♥ **목요일**, 목모(木母)란 매화나무의 다른 이름입니다.

★ 자기가 할 일이 아닌데 덤비는 사람을 주책(做錯)이라 하고, 시비를 가리지 않고 마구 말하는 사람을 푼수(分數)라고 합니다.

♣ 잘생긴 남자가 추근대면 호감 표현이고, 못생긴 남자가 추근대면 성희롱이라고 하니 항상 언행에 조심해야 합니다.

♥ 감사합니다. ♥ 고맙습니다. ♥ 사랑합니다.

January | 26

금정옥액 金精玉液

♥ , 금정옥액(金精玉液)이란 금과 옥의 진액이란 뜻으로 특효약을 말합니다.

★ 조선시대 전통 검인 사인검(四寅劍)은 인년(寅年), 인월(寅月), 인일(寅日), 인시(寅時)에 만든 귀신을 물리치는 칼입니다. 공덕이 높은 신하에게 임금이 하사하는 보검을 말합니다.

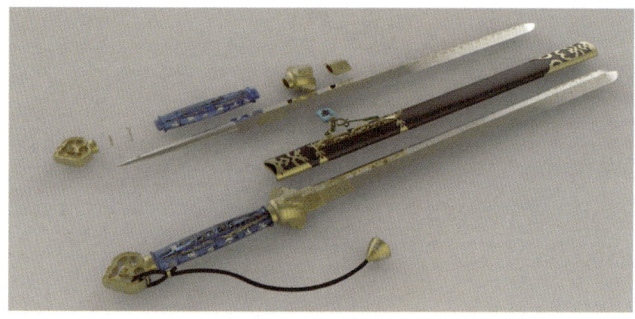

♣ 평상시 투덜대지 마십시오.
그러다가 평생 덜덜대며 살게 됩니다.

January | 27

토마스 제퍼슨

♥ **토요일**, 토마스 제퍼슨은 "인내하라! 화가 치밀어 오르면 마음 속으로 열을 세라. 열 까지 세어도 화가 가라앉지 않으면 백까지 세라. 그러면 마음에 평화가 올 것이다."고 외쳤습니다.

★ 진리가 아니면 따르지 마십시오.
　길 한 번 잘못 들면 평생 후회 합니다.

♣ 고통은 세상이 결코 당신에게 줄 수 없는 것을 달라고 요구하는 순간부터 시작됩니다.

January | 28

일일신우일신 日日新又日新

♥ **일요일**, 일일신우일신(日日新又日新)이란 「대학(大學)」에 나오는 말로써 진실로 발전하려면, 나날이 새롭게 하고 또 새롭게 해야 한다는 뜻입니다.

★ 아무리 즐거운 노래도 혼자 부르면 눈물이 되고, 아무리 향기로운 꽃밭도 시들고 나면 슬픔이 됩니다.(세상살이 더불어 함께 하시길…)

♣ 천재는 쓰라린 노력의 선물입니다. 그리고 지독한 노력은 절대 배신하지 않습니다. (노력+노력=성공)

January | 29

월강경전 越江耕田

♥ **월요일**, 월강경전(越江耕田)이란 압록강이나 두만강 기슭에 살고 있던 조선 백성들이 강을 건너가 만주 땅에서 몰래 농사짓던 일을 말합니다.

★ 지금을 한자로 쓰면, 지금(只今)이 됩니다.
'只'는 '다만'이란 뜻이고, '今'은 '이제'라는 뜻입니다.
이 말을 이어보면 〈지금뿐〉이란 말이 되지요.
즉, 사랑도, 인생도 지금뿐입니다. (시작하세요. 지금)

♣ 술이 아무리 독해도 먹지 않으면 취하지 않듯이, 행동하지 않으면 아무것도 이룰 수 없습니다.

♥ 감사합니다. ♥ 고맙습니다. ♥ 사랑합니다.

January | 30

화촉지구 華燭之具

♥ **화요일**, 화촉지구(華燭之具)란 혼례 때 쓰는 여러 기구를 말합니다.

★ 한 편의 시(詩)가 한 그릇의 짜장면보다 못한 가치로 변해버린 시대에 '하늘을 우러러 한 점 부끄럼 없기를 잎 새에 이는 바람에도' 괴로워하는 사람들이 드물 수밖에 없습니다. 예술이 대접받지 못하는 세상은 분명 사람도 대접받지 못 한다는 사실을 우리는 기억해야 합니다.

♣ 중은 성교(性交)해도 무릎 꿇고 한다는 속담이 있습니다. 즉 습성은 버리지 못한다는 뜻입니다.

January | 31

수심가지 水深可知

♥ 수요일, 수심가지(水深可知)란 수 천길 물속 깊이는 알아도 한 길 사람의 속마음은 알 수 없다는 뜻입니다.

★ 미친개가 호랑이 잡는다는 말이 있듯이 미치지 않고는 아무것도 이룰 수 없답니다. 즉, 不狂不及(제대로 미쳐야 제대로 성공한다).

♣ 하늘이 좋아하는 사람이 되십시오. 하늘은 스스로 돕는 자를 돕는 것이 아니라, 하늘은 좋아하는 사람을 돕습니다.

♥ 감사합니다. ♥ 고맙습니다. ♥ 사랑합니다.

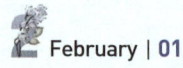
February | 01

목적인 目的因

♥ **목요일**, 목적인(目的因)이란 아리스토텔레스가 말한 운동의 네 가지 원인 중 하나입니다. 즉 목적을 실현하기 위해 일어나는 운동의 근원을 말합니다.

★ 머리에서 발끝까지 당신을 빛나게 하는 것은 바로 자신감입니다.

♣ 잘 되는 집안은 잘 될 이유만 말하고, 안 되는 집안은 안 될 이유만 말합니다.

February | 02

금척대훈장 金尺大勳章

♥ 금요일, 금척대훈장(金尺大勳章)이란 대한제국 시 최고의 훈장을 말합니다.

★ 고환 2개의 무게는 25g, 오른쪽이 더 크고 무거운 이유는 서로 충돌 위험을 없애기 위해서입니다. 또한 갓난아기 때 뼈는 305개 정도이고, 성장하면서 일부 뼈가 붙기 때문에 206개로 변합니다.

♣ 집안 청소만 하시지 말고, 마음도 깨끗이 청소합시다. 그래야만 마음에 어둠의 그림자가 깃들지 않습니다.

♥ 감사합니다. ♥ 고맙습니다. ♥ 사랑합니다.

 February | 03

토왕지절 土旺之節

♣ **토요일**, 토왕지절(土旺之節)이란 오행에서 흙의 기운이 가장 왕성하다는 절기를 말합니다.

★ 혀에 침이 없으면 절대 음식 맛을 알 수 없고, 코에 물기가 없으면 냄새를 맡을 수 없습니다. 그리고 피가 몸을 한 바퀴 도는 데는 46초 걸립니다.

♣ 웃음은 인간으로부터 겨울을 몰아 내어주는 태양입니다. (웃음=봄)

 February | 04

일조권 日照權

♥ **일요일**, 일조권(日照權)이란 최소한의 햇빛을 확보할 수 있는 권리를 말합니다.

★ 인도의 시성(詩聖) 타고르는 감사의 분량이 곧 행복의 분량이라고 하였고, 아리스토텔레스는 행복은 감사하는 사람의 것이라고 했습니다. (항상 감사하는 마음이 곧 행복입니다.)

♣ 이 세상에서 가장 지혜로운 사람은 어떤 경우에 처해도 배움을 포기하지 않는 사람입니다.

February | 05

월광병 月光病

♥ **월요일**, 월광병(月光病)이란 도박을 좋아하는 승려를 풍자적으로 한 말에서 시작되었습니다.

★ 1초를 투자하여 세상을 밝게 하고, 자신을 행복하게 하는 방법
  - 처음 뵙겠습니다.
  - 감사합니다.
  - 힘내세요.
  - 축하합니다.
  - 미안합니다.
  - 사랑합니다.
  (1초 투자로 세상을 아름답게, 자신을 행복하게)

♣ 꼬리 물기 운전은 불법이지만, 꼬리 물기 독서는 꿈을 이루기 위한 아름다운 실천입니다.

 February | 06

화생어다탐 禍生於多貪

♥ **화요일**, 화생어다탐(禍生於多貪)이란 탐하는 마음이 많으면 재앙을 불러들인다는 뜻입니다.

★ 집착이란?
좋아하는 일이 생기면 내 뜻대로 하고 싶어 하는 마음이 곧 집착이고, 집착의 또 다른 이름은 바로 괴로움입니다.

♣ 마음을 청소 한다는 것은 굴절된 마음과 일그러진 마음을 바로잡아 상실된 인간성을 회복하는 것입니다.

♥ 감사합니다. ♥ 고맙습니다. ♥ 사랑합니다.

February | 07

수명어천 受命於天

♥ 수요일, 수명어천(受命於天)이란 하늘의 명을 받아 왕좌에 오른 것을 말합니다.

★ 감의 학명은 그리스어로 디오스 Diose이며, 이 말은 신의 과일 이란 뜻입니다. 즉 디오스Dios 는 그리스 신화의 최고의 신 제우스를 뜻합니다. 곧 감은 과일의 왕이라는 것입니다.

♣ 사과(謝過)할 때 '하지만'이란 말이 스며드는 순간 사과의 진정성은 증발합니다. 진정한 사과는 아픈 것입니다.

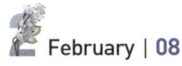 February | 08

목주 木主

♥ **목요일**, 목주(木主)란 단, 묘, 절 따위에 모시는 신주의 이름을 적은 나무패를 말합니다.

★ 사람이 책을 만들었지만, 결국 책이 사람을 만듭니다.
 (독서는 곧 성공의 지름길)

♣ 진정한 사랑과 우정은 인간관계를 넘어서 영혼의 교감이자, 삶의 동반자입니다.

♥ 감사합니다. ♥ 고맙습니다. ♥ 사랑합니다.

February | 09

금슬화명 琴瑟和鳴

♥ 금요일, 금슬화명(琴瑟和鳴)이란 조화롭게 음률을 맞춘다는 뜻으로, 다정한 부부관계를 말합니다.

★ 술(酒)에서 파생된 단어들
- 수작(酬酌)은 잔을 주고받는 다는 것에서 생긴 말.
- 짐작(斟酌)은 도자기 병에 술이 담기면 그 양을 가늠하기 어렵다는 것에서 생긴 말.
- 작정(酌定)은 원래 따르는 술의 양을 정한다는 뜻에서 나온 말.
- 무작정(無酌定)은 술 따르다 잔이 넘치는 것에서 유래.(무성의하고 무례한 짓)
- 참작(參酌)은 상대방의 마음을 헤아려 술을 알맞게 따라주는 것에서 유래.

♣ 잘 되는 집안은 가족을 위하고, 안 되는 집안은 가옥(家屋)만 위합니다.

 February | 10

토당 土堂

♥ **토요일**, 토당(土堂)이란 조선 중종 때 홍문관의 벼슬아치들이 제구실을 못 하고 권세 있는 자들에게 빌붙은 것을 일컫던 말입니다.

★ 보통 성인은 1분에 70~80번 정도 맥박이 뛰지만, 참새는 1분에 1000번을 뜁니다. (새가슴의 유래가 여기서 생겨났습니다.)

♣ 내 마음이 고약하면 남의 말도 고약하게 들리기 때문에, 늘 마음을 세척해야 합니다.

♥ 감사합니다. ♥ 고맙습니다. ♥ 사랑합니다.

February | 11

일희일경 一喜一驚

♥ **일요일**, 일희일경(一喜一驚)이란 기쁜 일과 놀랄 일이 번갈아 일어나는 것을 말합니다.

★ 책은 청년에게는 음식이 되고, 노인에게는 오락이 되며, 현인에게는 지혜가 되고, 고통스러울 때는 위안이 됩니다.

♣ 소통 밑에 불통, 불통 밑에 고통, 고통은 곧 마음의 감옥입니다.

 February | 12

월광단 月光緞

♥ **월요일**, 월광단(月光緞)이란 달이나 달빛 무늬를 수놓은 비단을 말합니다.

★ 실패는 성공을 위한 중요한 준비 단계입니다. 왜냐하면 실패는 바로 우리를 단련시켜 주니까요.

♣ 사랑이 있는 곳은 어디에도 부(富)와 성공(成功)이 함께 합니다. 그러나 사랑이 없는 부와 성공은 늘 외롭고 슬프다는 것을 잊지 맙시다.

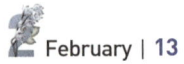
February | 13

화엄사 華嚴寺

♥ **화요일**, 화엄사(華嚴寺)는 서산대사와 벽암 각성대사의 가사가 모셔진 사찰로, 백제성왕 22년(544년)에 연기조사가 창건하였습니다. 화엄경의 화엄 두자를 따서 화엄사라 작명하였답니다.

★ 인간에게 가장 무서운 병은 암도 에이즈도 아닌 광견병입니다. 광견병은 물을 보면 두려워하고, 100% 사망률을 자랑합니다.

♣ 이길 수 있다고 생각하면 이길 수 있습니다. 승리에는 신념(信念)이 꼭 필요하니까요.

 February | 14

수릉관 守陵官

♥수요일, 수릉관(守陵官)이란 왕릉을 지키는 벼슬 중 하나입니다.

★ 우리나라 웃기는 가수 이름들
- 슈가(설탕), 솔리드(고체), 언 타이틀(제목 없음)
- 빅마마(큰엄마), 왁스(광택제), 노브레인(뇌 없음)
- 버블시스터즈(거품 자매), 어니언스(양파들)

♣ 진정한 기도는 '감사 합니다' 입니다. 이 한 마디가 기도의 전부이니까요.

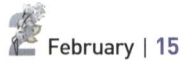
February | 15

목말 木末

♥ **목요일**, 목말(木末)은 메밀가루를 말합니다.

★ 섣달이란 설이 드는 달이라는 뜻입니다. 옛날에는 음력 12월을 한 해의 첫 달로 잡고, 매년 12월 1일을 설로 쇠었습니다. 그래서 음력 12월을 섣달로 부르게 되었답니다.

♣ 누구든 눈을 뜨고 재채기는 할 수 없습니다. 재채기 속도는 시속 160km로 야구 투수가 던지는 공의 속도보다 빠릅니다.

February | 16

금란부 金蘭簿

♥ <u>금요일</u>, 금란부(金蘭簿)란 친한 벗의 성명, 주소 등을 적은 장부를 말합니다.

★ 설날의 어원은, '설다. 낯설다'의 설에서 유래되었습니다. 처음 만나는 사람은 낯설듯이 설 역시 처음 맞이하는 낯선 날이라는 뜻이지요. 정월 초하루는 태양이 부활하고 천지만물이 되살아 난다하여, 먼 옛날부터 하늘에 제사를 지낸 후 복을 빌며 먹었던 음식이 바로 떡국이랍니다.

♣ 타협이란 완승, 완패가 아니라 둘 다 승자가 되는 길입니다.

♥ 감사합니다. ♥ 고맙습니다. ♥ 사랑합니다.

February | 17

토르소 *Torso*

♥ **토요일**, 토르소Torso란 르네상스 시대의 유적에서 발견된 머리와 팔다리가 없는 몸통만으로 된 조각상을 말합니다.

★ 행복을 찾아 나서는 모든 여정은 결국 사랑을 찾는 길입니다.

♣ 말과 글과 그림은 셋이면서도 하나입니다. 그것을 백지에 적으면 그림이 되고, 마음에 적으면 그리움이 되니까요.

February | 18

일겸사익 一兼四益

♥ **일요일**, 일겸사익(一兼四益)이란 한 번의 겸손은 천(天), 지(地), 신(神), 인(人)으로부터 유익함을 가져오게 한다는 뜻입니다. 즉, 겸손해야 함을 강조한 말입니다.

★ 행복을 부르는 세 마리 소
  - 내가 졌소.
  - 당신이 옳소.
  - 마음껏 하소.

♣ 아기가 걸어 다니기까지 3000번 이상 넘어져야 합니다. 겨우 몇 번 넘어 진 것 가지고 좌절하지 마십시오.

February | 19

월흔 月痕

♥ **월요일**, 월흔(月痕)은 새벽녘 쓰러져 가는 달그림자를 월흔이라 합니다.

★ 태양과 희망은 임자가 없습니다.
　소유도, 권리주장도 할 수 없지만, 오직 가슴에 품고 요긴하게 쓰는 사람이 곧 임자랍니다.

♣ 나무는 자신을 위해 그늘을 만들지 않습니다.

February | 20

화쟁사상 和諍思想

♥ **화요일**, 화쟁사상(和諍思想)이란 모든 논쟁을 화합으로 바꾸는 불교사상입니다. 원효대사는 화쟁사상을 구현하기 위해 스스로 대승의 길을 포기하고 대중들과 함께 삶을 살았습니다. 바라이죄(波羅夷罪; 음행, 도둑질, 살인, 거짓말)는 승려가 승단을 떠나야 하는 무거운 벌을 말합니다.

★ 사람의 관계도 가꾸지 않으면 잡초가 무성하게 우거지게 됩니다.

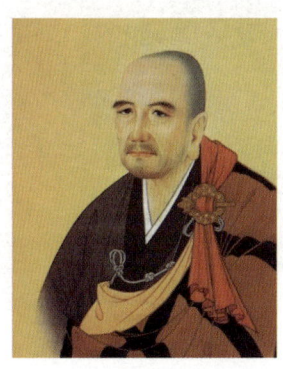

♣ 모든 독서가 리더(reader)를 만들지 않지만, 모든 리더는 독서를 생활화하였습니다. (독서=성공)

 February | 21

수자해좃

💛 **수요일**, 수자해좃이란 천마(天麻)를 뜻하며, 천마란 하늘에서 떨어진 약초라는 의미를 담고 있습니다.

★ 표현하지 않는 사랑과, 봉해놓은 편지는 시력이 아무리 좋아도 보이지 않는 법입니다.(동물적인 사랑이 아니라면 표현하십시오. 사랑한다고)

♣ 인생에서 가장 큰 도둑은 무사안일로 시간을 도둑질하는 일입니다.

February | 22

목소리 온도

♥ **목요일**, 목소리에도 온도가 있고 인상이 있습니다. 더울 때 가장 시원하고 맛있는 물의 온도는 4℃, 커피가 가장 향기롭고 맛있게 느껴지는 온도는 88℃랍니다.

★ 부지런히 걸으면 없던 길도 생기지만, 걸음을 멈추면 있던 길도 없어집니다.

♣ 천금 같은 명언도 실천하지 않으면 쓰레기가 됩니다. (실천=성공)

February | 23

금중 禁中

♥ **금요일**, 금중(禁中)은 궁궐이란 뜻입니다. 금중(禁中)에서 임금의 비행을 직간하다가, 연산군에게 직접 다리와 혀가 잘려 처참하게 죽임을 당한 내시 김처선을 보면서 충신은 목숨을 건다는 말이 생각납니다.
박근혜 전 대통령에게도 김처선처럼 직언하는 사람이 있었다면 사초(史草)는 달라졌겠지요.

★ 희망은 인간을 버리지 않습니다. 다만 인간이 희망을 버릴 뿐입니다.

♣ 몸이 늙는 것은 부끄럽지 않지만, 마음이 늙는 것은 부끄러운 일입니다. 마음이 늙는다는 것은 곧 정신이 녹슬어 간다는 뜻이니까요.

February | 24

토마호크 미사일

♥ **토요일**, 토마호크 미사일은 1991년 걸프전을 승리로 장식한 미국의 순항 유도탄으로써 고도의 기술력이 집약된 하이테크 병기의 대표적 무기입니다. 토마호크라는 이름은 아메리카 원주민들이 사용한 도끼 이름에서 따온 것입니다.

★ 시간을 제압하는 사람은 자신과의 싸움에서 운명까지 제압합니다.

♣ 힘들어도 참고했던 일들이 쌓이면 실력이 되고, 실력이 쌓이면 진정한 고수가 됩니다.

February | 25

일일천추 一日千秋

♥ 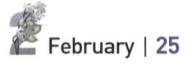, 일일천추(一日千秋)란 '하루가 천년 같다'라는 뜻으로, 사모하는 마음이 너무나 간절하고 애틋함을 말합니다.

★ 국산과 국내산 차이
- 국산: 우리나라에서 재배, 생산한 것
- 국내산: 농수산물을 수입하여 국내에서 일정 기간 동안 키운 것을 국내산으로 표기가 가능합니다. 국산과 국내산은 법적으로 동일하며 차이가 없지만, 「농수산물의 원산지 표시에 관한 법률」로 관리하고 있습니다.

예) 국산 김치 – 우리 땅에서 자란
　　배추, 고춧가루로 만든 김치
　　국내산 김치– 중국산 배추 + 우리 양념

외국 소는 6개월, 돼지는 2개월, 미꾸라지 3개월, 닭 1개월 이상 외국에서 수입하여 기르면 국내산으로 표시가 가능합니다.

♣ 세계 평화는 수없이 이야기하고 있지만, 진정 마음의 평화는 갈수록 멀어지고 있으니, 이를 어찌 하오리까.

February | 26

월류봉 月留峯

♥ **월요일**, 월류봉(月留峯)은 달도 머물 다 갈 정도로 아름다운 경치를 자랑하는 곳으로, 충북 영동 황간면에 있습니다. 또한 효종의 스승이었던 우암 송시열이 은거하면서 후학을 양성했던 곳이기도 합니다.

★ 장소를 불문하고 책을 펼치는 곳이 꿈을 이루는 곳입니다.

♣ 시(詩)를 쓰거나 시 낭송을 하는 것은 그 자체를 목적으로 삼는 것이 아니라, 인간성을 세탁하여 마음을 희게 하는 것을 목적으로 삼고 있습니다.

February | 27

화복상관 禍福相貫

♥ **화요일**, 화복상관(禍福相貫)이란 재앙과 복은 서로 통하여 같이 있다는 뜻입니다.

★ 자연은 예술을 부러워하거나 질투하지 않습니다. 왜냐하면 세네카의 말처럼 모든 예술은 자연의 모방(模倣)에 불과(不過)하니까요.

♣ 우리 주위에 남 잘되는 꼴을 못 보는 사람들이 있습니다. 이런 사람들 치고 올바른 인격의 소유자는 없답니다.
이러한 열등의식은 시기라는 이름의 구더기를 낳고, 시기라는 이름의 구더기는 질투라는 똥파리로 성장하여 남의 밥상이나 탐하고 다닌답니다.

 March | 01

수기치인 修己治人

♥ 수요일, 수기치인(修己治人)이란 자기 자신을 수양하고 사회 전체를 구현한다는 유학의 실천론을 말합니다.

★ 책은 보존해야 할 유물이 아닙니다. 읽고 또 읽어 밑줄 쳐지고 손때 묻은 빛바랜 책이 아름다운 책입니다. 그리고 책에 밑줄을 치는 것은 동물로 치면 영역 표시이고 사람으로 치면 책 내용이 내 것이라는 표시입니다.

♣ 헤아릴 수 없이 깊고 넓은 바다(바다의 신 넵튠)에 빠져 죽는 사람들보다 10cm 지도 안되는 술잔(술의 신 박카스)에 빠져 죽는 사람들이 훨씬 많다고 하니 이 일을 어찌하리 ~~

March | 02

목눌 木訥

♥ **목요일**, 목눌(木訥)이란 고지식하고 느리며 말재주가 없는 사람을 말합니다.

★ 3월 하늘이 푸른 것은, 유관순과 태극기 그리고 애국가가 있기 때문입니다. 유관순은 1919년 3월 1일, 18세 나이로 목숨을 걸고 대한독립 만세를 외치다가 죽음을 당했습니다. 태극기는 1882년 8월 박영효가 고종의 칙명을 받아 일본으로 가던 중 메이지마루호 선상에서 제작하였으며 국기로 제정, 공포한 날은 다음 해인 1883년 3월 6일입니다. 애국가는 1936년 6월 안익태가 작곡하였습니다.

♣ 박수 치는 사람이 아니라, 박수 받는 사람이 되어야 성공한 사람입니다.

March | 03

금강 金剛

♥ 금요일, 금강(金剛)이란 대일여래의 깨달음이 굳고 단단하여 모든 번뇌를 깨뜨릴 수 있음을 표현한 말입니다.

★ 정월 대보름의 찰밥 유래는 신라 소지왕 때 왕비와 중이 거문고 갑 속에서 정을 통하며 왕을 죽이려는 음모를 꾸몄답니다. 그런 징후를 알려준 까마귀와 쥐의 은혜에 보답하기 위해 오곡밥을 지어 제사를 지낸 것이 유래가 되었다고 합니다.

♣ 아무리 돈을 많이 가져도 내 돈이 아닙니다.
내 돈이란, 내가 살아 있는 동안 보람 있게 쓰고 가는 돈만이 내 돈입니다.

♥ 감사합니다. ♥ 고맙습니다. ♥ 사랑합니다.

March | 04

토머스 울프

♥ **토요일**, 토머스 울프의 출세작이자 1930년대 미국 문학의 선구적인 작품 '천사여 고향을 보라'는 브로드웨이에서 연극으로 공연되기도 하였습니다.

★ 땅이 마르면 물이 고이지 않듯이 가슴이 메마르면 사랑이 고이지 않습니다. 낭만이 없는 사람은 사랑을 모르는 자입니다.

♣ 불평만 하지 않아도 인생이 바뀝니다. (불평은 자멸의 시작)

March | 05

일도삼례 一刀三禮

♥ **일요일**, 일도삼례(一刀三禮)란 불상(佛像)을 조각할 때 한 번 깎고 세 번 절을 하는 것을 일도삼례라 합니다.

★ 당신의 사전에 나중에 언젠가는 앞으로 돈이 생기면, 같은 표현은 없애 버리십시오. 나중이라고 생각한다면 그 나중은 영원히 오지 않을 수도 있습니다.

♣ 성공을 꿈꾼다면 자신보다 성공한 사람들의 성공스토리를 꾸준히 읽어야 합니다. 그리고 성공 확신에 의심이 들 때마다 성공을 위해 성공스토리 예방주사를 계속 맞아야 합니다.

♥ 감사합니다. ♥ 고맙습니다. ♥ 사랑합니다.

March | 06

월년생초본

♥ , 월년생초본(越年生草本)이란 싹이 터서 이듬해 꽃이 피고 열매를 맺은 후 생(生)을 마감하는 식물로서 보리, 유채, 완두, 무 등이 이에 속합니다.

★ 뽕나무의 유래
뽕잎이나 열매(오디)를 먹으면 소화 기능을 도와 방귀가 잘 나온다고 하여 뽕나무란 이름이 붙었습니다.

♣ 양보하는 것이 제일 좋은 예절입니다.

March | 07

화목 和睦

♥ **화요일**, 화목(和睦)하게 지내면서 보리밥 먹는 것이 진수성찬이고, 상에 가득 차려 놓았지만 다투며 먹는 것은 소찬(素饌)에 불과합니다.

★ 아담과 이브가 한국 사람이었다면 인간의 원죄 따위는 없었을 것입니다.
왜냐하면 뱀이 나타나 선악과를 따 먹으라고 유혹하기 전에 정력에 좋다는 뱀을 이브가 잡아 아담에게 주었을 테니까요.

♣ 교만, 오만, 자만은 사람의 몸을 감싸고 있는 악취이자, 마음을 부패 시키는 근원입니다.

March | 08

수석침류 漱石枕流

♥ 수요일, 수석침류(漱石枕流)란 돌로 양치질하고 흐르는 물을 베게 삼는다는 뜻으로, 말을 잘못해 놓고 그럴 듯하게 꾸며대는 것을 말합니다.

★ 역사는 과거와 현재의 끊임없는 대화입니다. 역사를 모르거나 왜곡된 역사를 가르치는 나라는 미래가 없습니다.

♣ 포기한 자보다 더 비열한 자는 아직 시작도 하지 않는 자 입니다.

 March | 09

목통 木通

♥ **목요일**, 목통(木通)이란 으름덩굴을 말합니다. 임하부인(林下婦人)이라는 별명이 붙은 것은 으름이 익어 벌어진 모양이 여자 성기와 같다고 하여 붙여졌답니다.

★ 카푸치노 커피는 이탈리아 수도회의 수도사에서 유래하였습니다. 커피에 얹는 크림이나 우유의 거품 모양이 수도사들이 착용하는 카푸치노 모자처럼 생겼다 하여 붙여진 이름입니다.

♣ 지문이 같을 가능성은 640억대 1. 동일한 지문을 가진 사람은 지구상에는 없습니다.

♥ 감사합니다. ♥ 고맙습니다. ♥ 사랑합니다.

March | 10

금구설 金口說

♥ 금요일, 금구설(金口說)이란 고타마 싯다르타 즉 부처님의 설법을 말합니다.

★ 책과 연애 하십시오. 책과 연애는 헤어짐의 고통이 없지만, 사람과 연애는 헤어지면 치유할 수 없는 상처가 남습니다. 그러나 책과의 사랑이 끝난 자리에는 향기로운 꿈이 피어오릅니다.

♣ 돈이 죄를 불러들이는 것이 아니라, 돈을 숭배하는 혼탁한 마음이 죄를 불러들입니다.

March | 11

토어 土語

♥ **토요일**, 토어(土譜)란 토박이말 즉 사투리를 토어라 합니다.

★ 사랑에 기쁨과 슬픔이 있다는 것을 아는 사람은 행복하고, 슬픔의 순간만을 기억하는 사람은 불행한 사람입니다.

♣ 부끄러움을 모르는 인간은 금수와 같다고 했습니다. 부끄러움은 인간을 인간답게 하는 따뜻함입니다.

March | 12

일자백금 一字百金

♥ **일요일**, 일자백금(一字百金)이란 한 문장이 지극히 가치 있다는 뜻입니다.

★ 말의 숨은 의미
- "잘 지내고 있어?"는 그립다는 말이고
- "행복해야 해"는 다시 돌아와 달라는 말이고
- "가끔 생각나면 연락해"는 영원히 기다린다는 말입니다.

♣ "니체는 나체다"
자신을 둘러싸고 있는 모든 가식적인 껍데기를 벗어 던져버린 니체는 바로 나체입니다. 나력(裸力)의 힘은 벗었을 때가 더욱 더 눈부시답니다.

March | 13

월용 月容

♥ **월요일**, 월용(月容)이란 달같이 아름다운 얼굴을 말합니다.

★ 성욕은 젊음의 상징이자 생명체를 만들려는 인간의 본성입니다. 사랑하는 사람을 앞에 두고 성욕을 느끼지 못하는 인간은 천하의 둘도 없는 죄인이랍니다.

♣ 자신을 수시로 닦고 조이고 배우려는 사람은 행복의 기술자가 되지만, 자신의 관리에 게으른 사람은 불행의 조수가 됩니다.

♥ 감사합니다. ♥ 고맙습니다. ♥ 사랑합니다.

 March | 14

화정 火定

♥ **화요일**, 화정(火定)이란 불도(佛道)를 닦은 사람이 열반(涅槃)할 때 몸에서 맹렬한 불길을 내는 선정(禪定)을 말합니다.

★ 몽마르트 언덕은 3세기 때 프랑스의 첫 주교였던 생드니 신부님이 목이 잘려 순교한 역사적 배경이 자연스럽게 순교자의 언덕 즉 몽마르트 언덕으로 불리게 되었습니다.

♣ 델몬트(Del Monte)란 음료 상표는 이탈리어로 산에서라는 뜻으로 업계에서 큰 산이 되고자 붙인 이름입니다.

March | 15

수도 竪刀

♥ 수요일, 수도(竪刀)라는 인물은 춘추시대 때 환공(桓公)의 총애를 받다가 환공이 죽은 뒤 역아(易牙), 개방(開方) 등과 더불어 권력 다툼으로 제나라(齊, 기원전 221년~1026년)를 어지럽힌 자입니다.

★ 프랑스 대통령 관저인 엘리제궁은 천국의 궁이라는 의미를 담고 있습니다.

♣ 마돈나(Madonna)는 원래 그리스도교 미술에서 묘사된 성모 마리아를 뜻하는 것입니다.

March | 16

목렴 木廉

♥ **목요일**, 목렴(木廉)이란 무덤 속 시신에 나무뿌리가 엉켜 시신에 해를 입히는 것을 말합니다.

★ 살면서 꼭 필요한 주문 1
 - 상대의 걷잡을 수 없는 화를 가라앉히는 주문 (미안해)
 - 상대의 어깨를 으쓱하게 하는 주문 (잘했어)
 - 부적보다 큰 힘이 되는 주문 (널 위해 기도할게)

♣ 사람의 마음을 움직이는 것은 돈도, 외모도, 권력도 아닌 진심으로 대하는 마음입니다.

March | 17

금구 金句

♥ 금요일, 금구(金句)란 아름다운 문장이나 훌륭한 격언(格言)을 말합니다.

★ 살면서 꼭 필요한 주문 2
  - 화해와 평화를 부르는 주문 (내가 잘못했어)
  - 존재감을 키우는 주문 (당신이 최고야)
  - 열정을 샘솟게 하는 주문 (나이는 숫자에 불과해)

♣ 조심은 지혜의 맏아들입니다.
  (행동 조심, 말조심, 차 조심, 사람 조심 등 조심×조심)

♥ 감사합니다. ♥ 고맙습니다. ♥ 사랑합니다.

March | 18

토괴 土塊

♥ **토요일**, 토괴(土塊)란 흙이 엉기어 이루어진 작은 덩어리를 말합니다.

★ 살면서 꼭 필요한 주문 3
- 상대의 기분을 업(up)시키는 주문
  (오늘 아주 멋져 보여)
- 상대의 자신감을 하늘로 치솟게 하는 주문
  (어떻게 그런 생각을 다 했어)
- 돈 한 푼 들이지 않고 호감을 얻는 주문
  (당신과 함께 있으면 기분이 좋아)

♣ 남자가 여자를 꽃이라 함은 꺾기 위함이고, 여자가 여자를 꽃이라 함은 시듦이 슬프기 때문입니다.

March | 19

일심만능 一心萬能

♥ **일요일**, 일심만능(一心萬能)이란 무슨 일이던 한마음으로 하면 이루어진다는 뜻입니다.

★ 살면서 꼭 필요한 주문 4
  - 백 번, 천 번, 만 번 들어도 기분 좋은 주문 (사랑해)
  - 상대의 지친 마음을 어루만져 주는 주문 (그동안 고생 많았어)
  - 배우자에게 사는 보람을 주는 주문(난 당신밖에 없어)

♣ 카니발은 원래 라틴어로 사육제라는 뜻으로 그리스도교를 믿는 사람들이 사순절 동안 고기를 먹지 않는 것을 말합니다.

 March | 20

월로승 月老繩

♥ **월요일**, 월로승(月老繩)이란 월하노인(중매쟁이)이 지니고 다니는 주머니의 붉은 끈을 월로승이라 합니다.

★ 살면서 꼭 필요한 주문 5
  - 상대의 가슴을 설레게 하는 주문 (보고 싶었어)
  - 자녀의 앞날을 빛나게 하는 주문 (네가 참 자랑스러워)

♣ 1톤의 생각보다 1그램의 실천이 더 중요합니다.

March | 21

화간접무 花間蝶舞

♥ **화요일**, 화간접무(花間蝶舞)란 꽃과 꽃 사이를 나비가 춤추며 날아다니는 것을 말합니다.

★ 시기, 절망, 미움 등은 마음을 고통스럽게 하는 독입니다. 이 독을 하나로 묶어 화(禍, anger)라고 합니다.

♣ 키스는 사랑의 열쇠이고, 잔소리와 폭력은 사랑의 자물쇠입니다.

 March | 22

수괴무면 羞愧無面

💜 **수요일**, 수괴무면(羞愧無面)이란 부끄럽고 창피스러워 볼 낯이 없음을 말합니다.

★ 상대가 원하지 않는 시선은 또 다른 폭력

♣ 거북이나 학처럼 유순한 동물은 오래 살고 성질 급한 맹수는 오래 살지 못합니다. 사람도 화를 잘 내고 성급한 사람은 단명합니다.

March | 23

목노비 木奴婢

♥ **목요일**, 목노비(木奴婢)란 옛날 무덤에 시신과 함께 묻었던 나무로 만든 여종을 말합니다.

★ 어둠에 저항할 도구는 빛이고, 추위에 저항할 도구는 불이며, 악에 저항할 도구는 선이고, 나쁜 생각에 저항할 도구는 좋은 생각입니다.

♣ 가슴 속에 진심학교를 세워두고 사람을 만나면 삶의 승리자가 됩니다.

March | 24

금시발복 今時發福

♥ **금요일**, 금시발복(今時發福)이란 어떤 일을 한 뒤에 바로 복이 돌아와 부귀를 누리는 것을 말합니다.

★ 행복은 생각과 말과 행동이 조화를 이룰 때 찾아옵니다.

♣ 프랑스어로 솜사탕은 봐봐파파(Barbe a papa)인데, 단어 그대로 해석하면 아빠의 수염이란 뜻입니다.

March | 25

토우 土宇

♥ **토요일**, 토우(土宇)란 하늘 아래라는 뜻으로, 천하 또는 나라를 이르는 말입니다.

★ 옛날 스미스 smith 라는 대장장이는 자기가 만든 물건에 조금이라도 흠집이 있으면 다시 녹여 만들 정도로 장인정신이 투철하였습니다. 이로 인해 그가 만든 물건은 명품으로 인정받았고, 즉, 스미스란 장인을 뜻하는 말이 되었습니다. 그래서 뛰어난 작곡가를 튠 스미스, 뛰어난 문필가를 워드 스미스라고 합니다.

♣ 질투는 칭찬의 일종이자 사랑한다는 부정적 표현입니다.

March | 26

일신천금 一身千金

♥ **일요일**, 일신천금(一身千金)이란 사람 몸이 매우 귀하고 소중함을 비유한 말입니다.

★ '스팸메일'의 어원은 1937년 영국의 호멜사가 스팸(Spiced Ham의 줄임말)이란 통조림을 출시하면서 라디오와 신문에 무차별 광고로, 공해처럼 인식되어 지금의 스팸메일이라는 단어가 탄생하게 되었습니다.

♣ 뚜레쥬르(Tous Les Jours)는 프랑스 어로 날마다 매일이라는 뜻이고, 빵의 기원은 정확하지는 않지만 고대 메소포타미아 지역에서 시작되었다고 합니다.

 March | 27

월요일 月曜日

♥ **월요일**, 월요일(月曜日)은 사람들만 싫어하는 것이 아니라, 원래 부처님도 하느님도 싫어하는 요일입니다.

★ 유년기엔 우주정복, 청년기엔 세계정복, 장년기엔 마누라 정복도 벅찬 대한민국 사내들이여~ 무엇을 정복하리(오~ 애제라).

♣ 백년 묵은 산삼 열 뿌리 먹는 것보다, 마누라 잔소리 한 번 덜 듣는 편이 훨씬 건강에 도움이 된다고 합니다.

March | 28

화복규승 禍福糾繩

♥ **화요일**, 화복규승(禍福糾繩)이란 재앙과 복은 꼬아 놓은 새끼줄과 같이 서로 얽혀 있다는 뜻입니다.

★ 우리 선조들은 죽어서도 배움을 갈망하였기에 벼슬을 하지 못하고 세상을 떠난 망자에게는 지방(紙榜)을 쓸 때, 학생부군신위(學生府君神位)라고 씁니다.

♣ 사랑의 갈증을 느낄 때는 바로 낭만이 생명수입니다.
사랑은 애당초 낭만이라는 강가에 피어난 한 송이 꽃이니까요.

March | 29

수난일 受難日

♥ 수요일, 수난일(受難日)이란 예수님이 십자가에 못 박혀 죽은 날을 수난일이라 하였고, 이때부터 수난이란 말이 시작되었습니다.

★ 노점상, 노숙자, 직장인, 부모자식, 남편 아내의 삶이 팔만대장경이자 성서이며, 곧 부처이자, 예수가 아닐까요.

♣ 승자는 눈을 밟아 길을 만들지만, 패자는 눈이 녹기를 기다립니다.

March | 30

목왕지절 木旺之節

♥ **목요일**, 목왕지절(木旺之節)이란 나무의 기운이 왕성한 봄을 일컫는 말입니다.

★ 최고의 배우 엘리자베스 테일러Elisabeth Taylor의 조상은 '재단사 Taylor'였고, 세계적인 IT기업 애플을 이끌고 있는 최고경영자 팀쿡Tim cook의 조상은 '요리사 Cook'였습니다.

♣ 못난 사내는 아내를 두려워하고, 현숙한 여인은 남편을 공경합니다.

March | 31

금자탑 金字塔

♥ 금요일, 금자탑(金字塔)이란 길이 후세에 남을 뛰어난 업적을 비유적으로 가리키는 말입니다. (이집트의 피라미드를 뜻하는 말이기도 합니다)

★ 배움을 원하지 않은 사람은 평생에 한 번 들을까 말까하는 귀한 가르침을 주더라도 모두 지나가는 헛소리로 들린다고 하니(헐~)

♣ 사람을 돈으로 계산하는 자와 가까이하지 마십시오. 당신을 사람으로 보지 않고 돈으로 볼 테니까요.

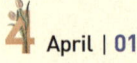 April | 01

토사호비 兎死狐悲

♥ **토요일**, 토사호비(兎死狐悲)란 토끼가 죽으니 여우가 슬퍼한다는 뜻으로, 같은 무리의 불행을 슬퍼한다는 것입니다.

★ 돈에도 암수가 있었으면 참 좋겠습니다. 따뜻한 이불 속에서 사랑을 이루어 수많은 새끼가 태어날 수 있게 말입니다.

♣ 당신이 진실로 성공하고 싶다면 대충, 대강, 건성, 겉핥기라는 친구와 절대 친하지 마시길 바랍니다.

 April | 02

일상일영 一觴一詠

♥ **일요일**, 일상일영(一觴一詠)이란 한 잔 술을 마시고, 한 수의 시를 읊는다는 뜻입니다.

★ 음식 싫은 건 개나 주지만, 사람 싫은 건 개도 줄 수 없습니다. 하지만 피치 못할 이유로 날마다 얼굴을 대면해야 할 때는 진짜 고역입니다. 그럴 때는 아 ~ 저 사람이 내 인내심을 길러주기 위해 부처님이나 예수님이 보내주신 내 스승이구나 라고 생각하십시오.

♣ 마음의 문(門)을 열면 모든 아픔을 훌훌 털어 버릴 수 있지만, 마음의 문(門)을 걸어 잠그면 고통과 슬픔의 수렁에 빠지고 맙니다.

 April | 03

월석 月夕

♥ **월요일**, 월석(月夕)이란 달 밝은 밤, 즉 추석날 밤을 말합니다.

★ 세종대왕께서 한글을 창제하실 때 아름답고 좋은 말들을 많이 만들어 놓았습니다. 사람들은 아직도 그 말들을 찾지 못해서 그런지 욕설과 언어폭력으로 세상을 도배하고 있으니, 저승에 가서 세종대왕을 어떻게 봬야 할지.

♣ 눈빛은 생각을 담고, 생각은 눈빛에 비칩니다.
(눈동자가 맑지 않은 사람은 경계 대상)

April | 04

화엄세계 華嚴世界

♥ **화요일**, 화엄세계(華嚴世界)란 혼자서 이룩되는 세계가 아니라, 모두가 하나 되어 화합과 조화를 이루는 세계를 말합니다.

★ 기도할 때 절을 하는 이유는 절을 하면 몸이 낮아짐으로 마음도 따라 낮아집니다. 이것이 바로 하심(下心)입니다.

♣ 남 험담할 시간 있으면 차라리 건강을 위하여 팔굽혀 펴기나 하십시오.

April | 05

수륙진미 水陸珍味

♥ 수요일, 수륙진미(水陸珍味)란 산과 바다의 온갖 진귀하고 맛있는 음식을 말합니다.

★ 행복은 셀프이자, 스스로 만드는 자가 발명품입니다. 세계 유명 백화점에서도 팔지 않고, 누가 거저 주는 사은품도 아니며, 주문하면 배달 해주는 퀵서비스도 아닙니다. 행복은 자기 스스로 노력해서 자가 생산해야 하는 인생 필수품 제1호입니다.

♣ 진정으로 씻어야 할 것은 육신(肉身)의 때가 아니라 세상으로 인해 덕지덕지 달라붙은 마음의 때입니다.

 April | 06

목리 木理

♥ **목요일**, 목리(木理)란 세로로 자른 나무의 표면에 나타나는 나이테의 무늬를 말합니다.

★ 프랑스 파리, 패션의 중심가인 샹젤리제는 그리스 신화에 등장하는 영웅들을 위한 천국이라는 뜻입니다.

♣ 가발의 시작은 루이 13세가 대머리를 감추기 위한 것에서 시작되었습니다. 그 원인은 자신의 대머리를 보고 왕비가 변심해 바람을 피울까 불안하여 왕비의 바람기를 막기 위함이었다고 합니다.

 April | 07

금강경언해 金剛經諺解

♥ 금요일, 금강경언해(金剛經諺解)란 금강경을 한글로 번역한 책으로 조선7대 세조 10년(1464년)에 한계희, 노사신 등이 왕명을 받아 출간한 것입니다.

★ 17세기 유럽인들은 목욕하면 피부병이 생긴다는 속설을 믿어 목욕하지 않았고, 이로 인해 몸에서 나는 악취를 감추려고 뿌린 것이 향수의 시작이 되었습니다.

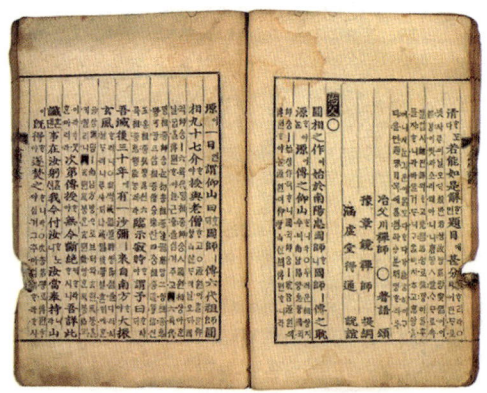

♣ 보고 싶다는 말에는 사랑의 모든 표현이 담겨 있고, 애틋한 그리움이 녹아 있습니다.

 April | 08

토마스 베일리

♥ **토요일**, 토마스 베일리는 주름 없는 마음을 간직하기 위해 항상 친절하고, 명랑하고, 경건한 마음을 잃지 않아야 한다고 했습니다.

★ 프랑스를 대표하는 빵 바게트(baguette)는 지팡이라는 뜻이고, 바게트 빵의 길고 미끈하게 생긴 모양은 흡사 지팡이와 같습니다.

♣ 세상에서 가장 잘못된 만남은 생선과 같은 만남입니다. 만날수록 비린내가 묻어오니까요.

♥ 감사합니다. ♥ 고맙습니다. ♥ 사랑합니다.

 April | 09

일사오리 一死五利

♥ **일요일**, 일사오리(一死五利)란 하나가 죽어서 다섯 가지를 이롭게 한다는 뜻으로, 대(大)를 위해 소(小)가 희생된다는 뜻입니다.

★ 중세 유럽의 교회에서나 회계사들은 이익을 검은색, 손실을 빨간색 잉크를 사용한 것이 오늘날 경제용어로 굳어져 흑자(黑子), 적자(赤子)의 유래가 되었습니다.

♣ 진정한 부자는 만족할 줄 아는 사람이고, 진정한 강자는 스스로 열정을 지배하는 사람입니다.

 April | 10

월령의 月令醫

♥ **월요일**, 월령의(月令醫)란 조선시대 왕실 밖의 사람들에게 의료를 제공하던 의원을 말합니다.

★ 교황을 상징하는 어부의 반지 페스카토리오Pescatorio를 오른쪽 넷째 손가락에 끼우는 순간 교황은 즉위한 것입니다. 어부의 반지에는 예수의 수제자 성 베드로가 배에서 그물을 던져 물고기를 잡는 모습이 새겨져 있습니다.

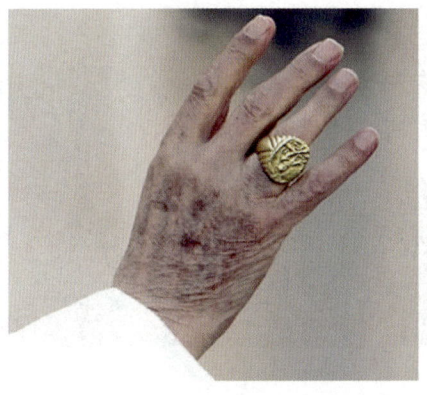

♣ 변화는 있어도 변함이 없는 인간이 참 인간입니다.

April | 11

화향백리 花香百理

♥ **화요일**, 화향백리(花香百理), 꽃의 향기는 백리를 가고, 주향천리(酒香千理), 술의 향기는 천리를 가지만, 인향만리(人香萬理), 사람의 향기는 만리를 가고도 남는다고 하였습니다.

★ 회사를 뜻하는 단어 컴퍼니company는 com(함께)과 pany(라틴어로 빵을 의미)의 합성어로 어려울수록 작은 빵을 나누어 먹는 돈독한 관계란 뜻입니다.

♣ 소금은 소(牛)와 금(金)같이 귀하고, 소중하다고 하여 붙여진 이름입니다.

April | 12
수은 殊恩

, 수은(殊恩)이란 남에게 특별히 입은 은혜를 말합니다.

★ 스페인의 도시 그라나다는 석류라는 뜻이고, 궁전 내부 곳곳에 석류 그림이 그려져 있습니다. 수류탄 파편이 석류와 같아 그리네이드라 하는데, 수류탄의 류(榴)는 석류나무 류자를 씁니다.

♣ 파레토의 법칙이란,
80 : 20법칙 또는 8 : 2법칙이라고도 합니다. 전체 결과의 80%가 전체 원인의 20%에서 일어나는 현상을 말합니다. 맥주는 액체와 거품이 8 : 2일 때 황금비율이라고 합니다.

♥ 감사합니다. ♥ 고맙습니다. ♥ 사랑합니다.

 April | 13

목화 木花

♥ **목요일**, 목화(木花)의 꽃말은 어머니의 사랑입니다.

★ 필리핀은 1564년부터 스페인이 점령하였고, 스페인의 왕 펠리페 2세의 이름을 따서 펠리페의 것이라는 뜻으로 필리핀이 되었습니다.

♣ 내 인생의 행복 열쇠는 바로 내가 하는 말에 달렸답니다.

April | 14

금미지취 金迷紙醉

♥ 금요일, 금미지취(金迷紙醉)란 아주 사치스런 생활을 말합니다.

★ 이슬람 문화권 국기에 초승달이 들어가는 것은 예언자 마호메트가 초승달 밤에 신의 계시를 받았다는 것에서 유래되었습니다. 초승달은 깨달음을 상징합니다.

♣ 밥에는 양심(良心)이 있고, 술에는 진심(眞心)이 있습니다.

April | 15

토우목마 土牛木馬

♥ **토요일**, 토우목마(土牛木馬)란 흙으로 만든 소와 나무로 만든 말이라는 뜻으로 학벌은 좋으나 별 볼일 없는 사람을 빗대는 말입니다.

★ 물고기는 언제나 입으로 낚기고, 인간은 언제나 입으로 인해 재앙에 걸립니다. (자나 깨나 입조심)

♣ 연애는 다만 성욕(性慾)을 시적(詩的)으로 표현한 것이고, 키스는 성욕의 전초 단계입니다.

 April | 16

일취천일 一醉千日

♥ **일요일**, 일취천일(一醉千日)이란 한 번 취하면 1,000일간 기분 좋게 취한다는 뜻으로 아주 좋은 술을 이르는 말입니다.

★ 매혹적인 향수 샤넬 코코 누아르 Chanel coco Noir의 CC로고는 코코 샤넬 이름이기도 하지만, 코코샤넬이 어린 시절 수녀원 창문에 걸린 초승달 그림자에서 영감을 얻었다고 합니다.

♣ 피자는 중앙아시아의 화덕에 구워 먹는 빵에서 유래되었으며, 예수와 제자가 함께 나누어 먹던 그 빵이 바로 피자였습니다.

April | 17

월훈 月暈

♥ **월요일**, 월훈(月暈)이란 달무리를 말합니다.

★ 욕심이란 아무리 부어도 채워지지 않는 빈 잔과 같고, 마시면 마실수록 더 많은 갈증을 동반합니다. (욕심을 버리면 행복이 손을 잡습니다)

♣ 상대방의 입장에 서보기 전에는 절대로 그 사람을 욕하거나 책망하지 마십시오.

 April | 18

화주승 化主僧

♥ **화요일**, 화주승(化主僧)이란 민가에 다니면서 염불이나 설법을 하고, 시주한 물건을 얻어 절에 양식을 대는 승려를 말합니다.

★ 새는 날아가면서 절대 뒤돌아보지 않습니다.
(과거는 더 이상 존재하지 않으니, 과거에 얽매이지 맙시다)

♣ 주먹을 쥐고는 악수 할 수 없답니다.
상대의 손을 잡으십시오. 손을 잡으면 손보다 마음이 먼저 따뜻해집니다.

April | 19

수승화강 水昇火降

 **수요일**, 수승화강(水昇火降)이란 찬 기운은 올라가게 하고, 뜨거운 기운은 내려가게 해야 건강을 유지할 수 있다는 한의학의 원리를 말합니다.

★ 돈은 감정을 가지고 있고, 생각도 가지고 있습니다. 쓸데없이 낭비하고 도박하고 사치하면 돈은 주인을 싫어하는 감정을 갖게 되어 결국 자신을 하찮게 여기는 주인을 떠나고 맙니다.
돈은 생각을 가졌기 때문에 주인이 무슨 행동을 하는지 면밀히 보고 있다가 좋은 일에 쓰면 떠났다가 다시 돌아오지만 나쁜 일에 쓰면 영원히 돌아오지 않습니다.
적은 돈은 아껴야 하고 큰돈은 제대로 보내줘야 합니다.

♣ 누군가의 뒷 모습이 보이기 시작하면 사랑이 시작된 것입니다.

 April | 20

목인소설 牧人小說

♥ **목요일**, 목인소설(牧人小說)이란 16~17세기경 유럽에서 유행한 문학 장르의 하나로서 귀족 남녀가 양치기로 변장하여 전원생활을 배경으로 감상적인 연애를 하는 내용의 소설을 말합니다.

★ 파파pa pa는 본래 그리스어로 아버지를 뜻하는 파스에서 온 말입니다. 파파는 라틴어로 교황을 의미하며, 파파티아papatia는 공식적인 교황의 직위입니다.

♣ 마음을 다해 끌어안는 것이 사랑입니다.

♥ 감사합니다. ♥ 고맙습니다. ♥ 사랑합니다.

April | 21

금군삼청 禁軍三廳

♥ 금요일, 금군삼청(禁軍三廳)이란 조선시대 왕실의 호위를 맡은 내금위, 겸사복, 우림위 등 세 군영을 말합니다.

★ 인생(人生)에서 2가지 잡지 못하는 것은?
- 가는 세월
- 돌아선 여자의 마음

♣ 길은 잃어도 사람은 잃지 마십시오.
사람이 길이고, 사람이 희망이고, 사람이 가장 아름다운 꽃이니까요.

 April | 22

토광 土鑛

♥ **토요일**, 토광(土鑛)이란 금분과 은분이 풍부한 흙빛의 광석을 토광이라 합니다.

★ 하버드대학에 남루한 옷차림의 노부부가 찾아와 총장에게 기부 의사를 밝혔습니다. 총장은 초라한 행색을 보고 불친절한 어투로 학교 건물 한 채당 750만 달러가 들어간다면서 무시를 하자, 부인 왈, "여보 죽은 아들을 위해 대학교 하나 세움시다"하며 세운 학교가 바로 캘리포니아에 있는 스탠포드대학입니다. 이후 하버드대학 정문에는 '겉을 보고 속을 판단하지 말라(Don't Judge a book by its cover)'라는 문구가 붙게 되었답니다.

♣ 꼭 성공하겠다는 결단으로 행동하면 귀신도 겁먹고 도망갑니다.

 April | 23

일별삼춘 一別三春

♥ **일요일**, 일별삼춘(一別三春)이란 헤어진 지 3년이 되어 보고 싶고 그립다는 뜻입니다.

★ 우수한 성적으로 미국 대학에 합격한 우리나라 학생이 장학금을 신청 하였으나 거절당했습니다. 그 이유는 그가 사는 아파트 이름이 롯데케슬 즉 케슬castle이나 팰리스palace는 왕족Royal family이 사는 궁전을 뜻하여 왕족인 줄 알고 장학금을 받지 못했다는 일화가 있습니다.

♣ 우리 모두의 책임이라는 말은 곧 누구의 책임도 아니라는 뜻이기도 합니다.

April | 24

월파 月波

♥ **월요일**, 월파(月波)란 달그림자가 비치는 물결을 말합니다.

★ 토마토가 채소로 분류된 사연은 19세기 말 뉴욕에서 과일에는 세금을 부과하지 않았고, 채소에만 세금을 부과하는 관세법이 통과되자, 자국 농산물 보호와 세금정책에 고심하던 미연방 대법원은 1833년 토마토를 채소로 판결하였습니다. 이른바 닉슨 대 헤든 판결로 토마토를 채소로 둔갑시키고 말았습니다.

♣ 인생의 비극은 실패가 아닌 현실 안주에서 시작됩니다.

April | 25

화방초 花房草

♥ **화요일**, 화방초(花房草)란 꽃 이름은 1880년 조선주재 일본 초대 공사였던 화방의질(花房義質, 하나부사 요시카타)이 자신의 이름을 우리나라 꽃 이름에 붙였답니다. 즉, 빼앗긴 꽃 이름으로 지금은 금강초롱으로 불립니다.

★ 대륙의 왕관이라 불리는 몬태나주는 미국의 41번째 주로서 스페인어로 산을 뜻하는 몬타냐에서 비롯되었으며, 몬태나주 땅의 40%가 로키산맥입니다.

♣ 여자는 말속에 마음을 담고, 남자는 마음속에 말을 담습니다.

 April | 26

수미산 須彌山

💛 수요일, 수미산(須彌山)은 불교의 우주관에서 나온 세계 중심에 있다고 하는 상상의 산입니다.

★ 에쿠스(EQUUS)는 라틴어로 개선장군의 말(馬), 또는 멋진 마차라는 뜻입니다.

♣ 여성에게 최고의 남편감은 고고학자입니다. 아내가 나이를 먹으면 먹을수록 흥미(興味)를 느낄 테니까요.

♥ 감사합니다. ♥ 고맙습니다. ♥ 사랑합니다.

 April | 27

목종 穆宗

♥ **목요일**, 목종(穆宗)은 고려 7대 황제로서 관리 봉급제도인 전시과를 개정하고 학문을 장려하는 등 많은 치적을 쌓았습니다.

★ 달콤한 유혹은 치명적입니다. 사탕이 이를 썩게 만들 듯, 달콤한 선악과의 유혹은 아담과 이브를 발가벗겨 에덴동산에서 쫓겨나게 했습니다. (달콤한 말은 나의 적)

♣ 남을 하찮게 보면 내 마음이 하찮은 연습을 하기 때문에 내 얼굴이 하찮게 일그러진답니다.

 April | 28

금혼초 金婚草

💙 금요일, 금혼초(金婚草)는 수없이 밟히고 베여도 사라지지 않습니다. 꽃말은 '나의 사랑 드릴게요' 입니다.

★ 같은 말이라도 부인이 하면 잔소리, 남이 하면 법문으로 들린다고 하니, 받아들이는 사람의 마음가짐이 얼마나 중요한지 알 수 있습니다.

♣ 웃음은 일종의 마음의 조깅입니다. 여자들이 잘 웃기 때문에 남자들보다 평균 7년이나 더 오래 산답니다.

 April | 29

토왕성폭포 土旺城瀑布

♥ **토요일**, 토왕성폭포(土旺城瀑布)는 외설악 북쪽 계곡에 있으며, 폭포에 성(城)자가 붙으면 물줄기가 3단계로 연결되어 떨어진다는 뜻입니다.

★ 영국 속담에 토마토가 빨갛게 익으면 의사의 얼굴이 파랗게 질린다는 말이 있습니다. 웬만한 병은 병원에 가지 않고 토마토만 먹어도 낫는다는 뜻이지요.

♣ 악(惡)플보다 더 나쁜 건 무(無)플 입니다.

 April | 30

일순천리 一瞬千里

♥ **일요일**, 일순천리(一瞬千里)란 한 번 바라보면 천리가 눈앞에 드러나는 광활한 경치를 말합니다.

★ 아일랜드의 상징인 세 잎 클로버Shamrock의 문양은 성 패트릭의 삼위일체를 구성하는 성부, 성자, 성령을 상징합니다.

♣ 사랑의 댄스라 불리는 바차타(bachata)는 섹시한 댄스로 도미니카 공화국에서 죽은 아내를 안고서 춤을 추는 슬픈 남성의 이야기에서 시작되었습니다.

♥ 감사합니다. ♥ 고맙습니다. ♥ 사랑합니다.

May | 01

월리사 月裡寺

♥ **월요일**, 월리사(月裡寺)는 신라 의상(義湘)대사가 창건하였으며, 충북에서 가장 오래된 사찰로서, 청주 상당구 무의면 구룡산에 있습니다.

★ 우리나라 차 이름과 그 의미 1
  아토스 ATOZ 는 A~Z까지 즉 알파벳 끝까지란 의미이고, 베르나 Verna 는 이탈리어로 열정, 청춘을 뜻하고, 아반떼 AVANTE 는 스페인어로 전진, 앞으로를 의미합니다.

♣ 되는 집안은 감사가 통용어이고, 안 되는 집안은 이게 뭐야가 상용어입니다.

May | 02

화만초 花蔓草

♥ **화요일**, 화만초(花蔓草), 일명 썬로즈는 아침에 피었다가 저녁에 오므리며, 꽃말은 행복한 사랑입니다. 그리고 이슬을 맞고 피어난다 하여 도우 플렌트라고도 합니다.

★ 우리나라 차 이름과 그 의미 2
티뷰론 Tiburon 은 스페인어로 상어를 의미하고, 그랜저 GRANDEUR는 웅장, 장엄함을 뜻하며, 싼타모 SATAMO는 Safety and talented motor의 약자로 안전하고 다양한 기능을 의미합니다.

♣ 나 자신과 싸워 이긴 공부는 부처님도, 하느님도, 조상님들에게도 큰 즐거움을 주는 일입니다.

 May | 03

수산호 水珊瑚

💛 수요일, 수산호(水珊瑚)란 복숭아꽃 빛이 나는 산호를 말합니다.

★ **우리나라 차 이름과 그 의미 3**

EF 소나타 EF SONATA는 강한 개성을 지닌 4악장 형식의 악곡인 소나타와 Elegance Feeling의 약자 EF를 결합한 것으로 첨단 기술과 네오 클래식의 품격디자인을 의미합니다.

테라칸 TERRACAN 은 대지 TERRA 와 황제 CAN 의 합성어로 대지를 지배하는 제왕이라는 뜻을 담고 있습니다.

♣ 되는 집안은 칭찬과 격려에 침이 마르고, 안 되는 집안은 원망과 비난으로 밤을 새웁니다.

May | 04

목정 木精

♥ **목요일**, 목정(木精)이란 메틸알코올을 일컫는 말로서, 나무에서 얻은 알코올이라는 뜻입니다.

★ 우리나라 차 이름과 그 의미 4

갤로퍼GALLOPER는 전속력으로 질주한다는 뜻을 내포하고 있고, 산타페SANTAFE는 미국 뉴멕시코 휴양도시의 이름으로 일상에서 벗어나 여유와 자유를 찾자는 뜻이고, 스타렉스STAREX는 별Star과 왕Rex의 합성어로 별 중의 별이라는 뜻을 갖고 있습니다.

♣ 키 작은 것이야 깔창이나 뒷굽으로 보완하면 되지만, 생각 짧은 것은 보완할 방법이 없다 하니, 오호 ~ 애재라.

♥ 감사합니다. ♥ 고맙습니다. ♥ 사랑합니다.

May | 05

금불초 金佛草

♥ 금요일, 금불초(金佛草)의 꽃말은 상큼함이며, 여름에 꽃을 피운 다하여 일명 하국(夏菊)이라고도 합니다.

★ 우리나라 차 이름과 그 의미 5
그레이스GRACE는 영어로 우아하고 품위 있다는 것을 의미하며, 다이너스티DYARCIA는 영어로 왕조의 뜻을 가진 전통과 권위를 의미합니다.
프라이드PRIDE는 긍지와 자부심을 가지라는 뜻입니다.

♣ 사람은 떠나도, 사람 뒤에 인격은 항상 남아있다는 것을 잊지 맙시다.

토색 討索

♥ **토요일**, 토색(討索)질이란 돈이나 물건을 억지로 빼앗는 것을 말합니다.

★ 우리나라 차 이름과 그 의미 6

티코 TICO 는 작지만 단단하며 편리하고 아늑하다는 의미이고, 마티즈 MATIZ 는 스페인어로 깜찍하며 빈틈없고 매력적인 차라는 의미이며, 무쏘 MUSSO 는 코뿔소처럼 튼튼하고 강력하고 힘 있는 차라는 뜻입니다.

♣ 세상을 썩게 만드는 주범은 바로 우리 마음속의 탐욕 때문입니다.(탐욕=부패)

May | 07

일수일체수 一修一切修

♥ **일요일**, 일수일체수(一修一切修)란 하루를 닦는 것이 모든 것을 닦는 일이라는 뜻입니다.

★ 우리나라 차 이름과 그 의미 7

코란도KORANDO는 Korean CAN DO의 줄임말로, 한국 지형에 최고라는 뜻이며, 체어맨CHAIRMAN은 영어로 의장, 회장, 즉 우수한 차량 성능과 고품격 이미지를 의미합니다.

복사 BOXER는 권투선수처럼 힘차고 강인한 트럭이란 것이고, 제네시스GENESIS는 성서에서 창세기란 뜻입니다.

♣ 지구상에서 쓰레기를 만들어 내는 생명체는 사람밖에 없습니다. 쓰레기는 이기적인 사람들이 만들어낸 탐욕의 찌꺼기입니다.

May | 08

월경月經 나이

♥ **월요일**, 월경(月經)나이란 마지막 월경일을 기준으로 세는 태아나 유아의 나이를 말합니다.

★ 브래지어 어원은 프랑스어 brassiere로 속옷 갑옷을 의미합니다. 1907년 보그 VOGUE 지라는 잡지에서 최초로 브래지어란 말을 써서 일반화되었습니다. 그리고 1900년대 초 뉴욕 사교계의 명사였던 메리 펠프스 제이컵스가 실크 드레스를 입자 속살이 비치었고, 이것을 막기 위해 만든 것이 바로 브래지어의 시초입니다.

♣ 조급하지 마십시오. 조급해서 얻을 수 있는 것은 단지 실수뿐입니다.

♥ 감사합니다. ♥ 고맙습니다. ♥ 사랑합니다.

 May | 09

화생어경만 禍生於輕慢

♥ **화요일**, 화생어경만(禍生於輕慢)이란 화(禍)는 잘난 체하고 남을 하찮게 여기는 데서 생긴다는 뜻입니다.

★ 미국 뉴멕시코의 아름다운 고원의 도시 산타페 Santa Fe 는 1610년 스페인의 식민지 시절에 세워졌습니다. 아시시의 성 프란시스의 거룩한 믿음이 있는 도시라는 뜻입니다.

♣ 감사하는 마음은 불행을 막아주는 마법의 열쇠랍니다.

 May | 10

수문수답 隨問隨答

♥ **수요일**, 수문수답(隨問隨答)이란 묻는 대로 거침없이 대답한다는 뜻입니다.

★ 수프레모 supremo 는 최고급 커피에 붙는 수식어로서, 커피의 나라 콜롬비아 고산 지대에서 나는 원두로 만든 커피를 말합니다.

♣ 가슴 깊이 당신을 그리워하는 것은 간절함이고, 바라볼수록 당신이 더 생각나는 것은 설렘입니다.

♥ 감사합니다. ♥ 고맙습니다. ♥ 사랑합니다.

May | 11

목탁귀신 木鐸鬼神

♥ **목요일**, 목탁귀신(木鐸鬼神)이란 목탁만 치다가 죽은 중의 귀신을 말합니다.

★ 사랑한다는 말 한마디보다 더 빛나는 것은 믿음이고, 아무런 말 하지 않아도 함께 있고 싶은 것은 편안함입니다.

♣ 쥐꼬리만 한 자존심 지키려다 코끼리만 한 재앙을 불러온다고 했습니다. (자존심을 한강에 익사시킵시다.)

May | 12

금권 金券

♥ 금요일, 금권(金券)이란 중국 천자가 내리던 황금으로 만든 패를 말합니다.

★ 식사를 즐겁게 만드는 것은 진주성찬이 아니라 입맛입니다.
(입맛 떨어지는 잔소리는 금물)

♣ 말은 민족의 정신(精神)이고, 글은 민족의 혼(魂)입니다.

 May | 13

토기 土器

♥ **토요일**, 토기(土器)란 진흙으로 만들어 유약을 바르지 아니하고 구운 그릇을 말합니다.

★ 사랑의 정표인 키스가 음주 측정을 목적으로 시작되었다는 것은 놀라운 사실, 로마 시대 때는 여성이 와인을 마시면 바람이 날지도 모른다는 속설로 인해, 남자들은 여자에게 수시로 키스를 하며 음주 여부를 확인한 것이 키스의 유래가 되었습니다.

♣ 잘 되는 집안은 보람으로 일하고, 안 되는 집안은 죽지 못해 일한답니다.

May | 14

일인일기 一人一技

♥ **일요일**, 일인일기(一人一技)란 한 사람이 한 가지의 전문기술을 가진다는 뜻입니다.

★ 카페테로 cafetero 는 커피를 재배하는 사람이란 뜻으로, 세계적 커피를 생산하는 콜롬비아인들의 별칭입니다. 콜롬비아 축구팀도 카페테로라는 이름으로 불리고 있습니다.

♣ 잔소리는 단 한 마디조차도 말의 낭비입니다. (잔소리 ×)

♥ 감사합니다. ♥ 고맙습니다. ♥ 사랑합니다.

May | 15

월창야화 月窓夜話

♥ **월요일**, 월창야화(月窓夜話)란 조선 선조 때 인흥군 이영(李瑛)이 선왕조(先王朝) 군신들의 일화와 자신이 겪고 느낀 것을 적은 책을 말합니다.

★ 부처님이나 예수님은 우리가 그렇게 얻고자 하는 명예와, 권력과, 부귀를 다 버리신 분들인데 명예와, 권력과, 부귀를 달라고 애걸복걸 한다고 과연 우리에게 주실까요?

♣ 남에게 이기는 최고의 방법은 예의범절로 이기는 것입니다.

May | 16

화창포 花菖蒲

♥ **화요일**, 화창포(花菖蒲)란 기쁜 소식을 전하여 준다는 꽃말을 가졌으며, 다른 이름은 꽃창포입니다.

★ 여자는 가슴이 클수록 머리가 좋고, 엉덩이가 클수록 똑똑한 아이를 출산할 확률이 높습니다. 엉덩이 지방이 태아의 두뇌 형성에 사용되기 때문이지요.

♣ 길이 가깝다고 해도 가지 않으면 도달하지 못하고, 일이 작다고 해도 행동하지 않으면 성취하지 못합니다.

♥ 감사합니다. ♥ 고맙습니다. ♥ 사랑합니다.

수불석권 手不釋卷

💛 수요일, 수불석권(手不釋卷)이란 손에서 책을 놓을 사이가 없이 쉬지 않고 글을 읽는다는 뜻입니다.

★ 민들레는 홀씨를 날려 보낼 때 종족 보존을 위해 매일매일 방향을 바꿔 가면서 날려 보냅니다. (민들레의 지혜)

♣ 사랑을 베는 칼은 있어도 정을 베는 칼은 어디에도 없습니다. 그래서 사랑보다 그놈의 정이 더 무섭답니다.

May | 18

목성 木聲

♥ **목요일**, 목성(木聲)이란 관상(觀相)에서 오행(五行)의 음성 가운데 목이 쉰 소리를 말합니다.

★ 지하철 환기통에서 올라오는 바람 때문에 마릴린 먼로의 스커트가 하늘로 치솟자 황급히 손으로 가리는 장면은 세계적으로 유명합니다. 이 때문에 바람 없는 날 고층 빌딩 아래서 난기류로 인해 여성의 스커트가 뒤집히는 것을 미국에선 먼로 효과라 부릅니다.

♣ 어떤 새도 날개를 펴지 않고는 날 수가 없듯이 사람도 마음을 드러내지 않고는 사랑을 할 수 없습니다.

May | 19

금광초 金光草

♥ 금요일, 금광초(金光草)란 경기도 광주에서 생산되는 누른 빛의 담배를 말합니다.

★ 프랑스 콩코르드 광장은 루이 16세와 마리 앙투아네트의 결혼 장소이자, 프랑스 혁명 당시 두 사람의 처형 장소이기도 합니다. 루이 16세와 마리 앙투아네트 결혼 당시 대규모 인파로 인해 130여명의 시민이 사망하였고, 그 후 혁명 광장으로 불리던 이곳을 1830년에 화합과 조화를 뜻하는 콩코르드로 바뀌어 불리게 되었습니다.

♣ 웃음이 없는 얼굴은 또 다른 장애입니다.

May | 20

토호 土豪

♥ **토요일**, 토호(土豪)질이란 양반이 권력을 믿고 평민에게 가혹한 행동을 일삼던 일 즉 갑질을 말합니다.

★ 결점이 없는 사람은 계곡이 없는 산과 같다고 하였으니, 결점은 결코 부끄러움의 대상이 아닙니다.

♣ 세상의 모든 문제는 잘못 생각한 것을 행동으로 옮긴 결과입니다. 그래서 몸의 건강도 중요하지만, 마음 건강이 더 중요하답니다.

May | 21

일문일족 一門一族

♥ **일요일**, 일문일족(一門一族)이란 한 집안이란 뜻입니다.

★ 브래지어 후크를 최초로 만든 사람은 톰 소년의 모험과 왕자와 거지를 쓴 유명한 작가 마크 트웨인입니다. 아내가 끈으로 묶어야 하는 브래지어를 입을 때마다 힘들어하는 모습을 보고 브래지어 후크를 개발한 것입니다.

♣ 잘되는 집안은 성실이 가훈이고, 안되는 집안은 나태가 가훈입니다.

May | 22

월계화 月季花

♥ **월요일**, 월계화(月季花)란 장미과 식물로 색깔에 따라 여러 가지 꽃말이 있습니다.
흰색은 〈사랑의 한숨〉, 빨강색은 〈열렬한 사랑〉
진홍색은 〈수줍음〉, 분홍색은 〈사랑의 맹세〉
파랑색은 〈이루어질 수 없는 사랑〉입니다.

★ 쇼펜하우어는 말했습니다.
여자는 머리카락은 길어도 생각은 짧다고.

♣ 감사하며 사는 맑은 마음에는 남을 원망하는 마음이 끼어들 틈이 없습니다.

♥ 감사합니다. ♥ 고맙습니다. ♥ 사랑합니다.

May | 23

화혜복지소의 禍兮福之所倚

♥ **화요일**, 화혜복지소의(禍兮福之所倚)란 노자(老子)에 나오는 말로서 재앙과 복이 번갈아 온다는 뜻입니다.

★ 진정한 독서는 읽는 것이 아니라 실천하는 것입니다.

♣ 사람마다 가지고 있는 양심이 부처이자 예수입니다. 알아서 잘못을 뉘우치게 하기 때문이지요.

May | 24

수박풀

💛 수요일, 수박풀은 중부 아프리카가 원산지며, 꽃말은 애모입니다.

★ 신혼여행을 의미하는 허니문honey moon은 허니 와인에서 유래되었습니다. 북유럽에서는 신혼여행 떠날 때 달콤한 와인을 챙겨갑니다. 그 이유는 와인을 마시면 최음 효과와 함께 남자의 성적 능력을 극대화시켜 여성의 다산에 도움을 주는 사랑의 묘약으로 생각했기 때문입니다.

♣ 아침 이슬이 없으면 세상 모든 식물이 살아갈 수 없듯이, 사람은 방귀를 끼지 않으면 단 하루도 살 수 없습니다.

💛 감사합니다. 💛 고맙습니다. 💛 사랑합니다.

 May | 25

목석한 木石漢

♥ **목요일**, 목석한(木石漢)이란 나무나 돌처럼 인정이 없고 감정이 무딘 남자를 말합니다.

★ 헤어짐은 사랑의 종착역이 아니라, 또 다른 사랑의 시작입니다. 그래서 사랑은 시작은 있으나 끝이 없습니다.

♣ 불평만 늘어놓으면 발목 잡는 사람이 되고, 감사만 열거하면 손을 끄는 사람이 됩니다.

May | 26

금고종신 禁錮終身

♥ 금요일, 금고종신(禁錮終身)이란 큰 죄를 지은 사람에게 한평생 벼슬할 자격을 주지 않는 것을 말합니다.

★ 우리의 마음은 밭입니다.
기쁨, 사랑, 희망 등 긍정의 씨앗을 뿌리면 행복의 꽃이 피고, 미움, 좌절, 절망, 시기 등 부정의 씨앗을 뿌리면 불행의 꽃이 피니까요.

♣ 대부분 여인들은 허리는 가늘지만 그들의 욕망 두께는 수천마일이나 된다고 하니, 이를 어찌 하오리.

 May | 27

토리 土理

♥ **토요일**, 토리(土理)란 메마르거나 기름진 흙의 성질을 말합니다.

★ 축하의 자리를 빛내주는 건배사의 기원은 전쟁과 내전으로 독살이 횡행했던 로마 시절 주최자는 술잔에 독이 들지 않았으니, 모두 안전하게 같이 마시자는 의미에서 시작되었습니다.

♣ 잘 되는 집안은 절망도 희망이고, 안 되는 집안은 희망도 절망으로 만듭니다.

May | 28

일수백확 一樹百穫

♥ **일요일**, 일수백확(一樹百穫)이란 나무 한 그루를 심어 백 개의 열매를 얻는다는 뜻으로, 곧 인재 한 사람을 길러냄이 사회에 막대한 이익을 준다는 것입니다.

★ 마음의 문을 여는 손잡이는 마음 안쪽에만 달려있기에 스스로 열어야만 빨리 열 수 있습니다.

♣ 보여 줄 수도, 만질 수도, 국화꽃처럼 향기도 없지만, 우리 가슴에 아름답게 살아 숨 쉬는 것이 곧 사랑입니다.

May | 29

월동력 越冬力

♥ **월요일**, 월동력(越冬力)이란 주로 식물 따위가 추운 겨울을 견디어 내는 힘을 말합니다.

★ **경봉스님의 설법 한 마디**
　소금은 바닷물에서 나왔지만 물에 들어가면 녹아 없어지고,
　봄꽃은 비바람으로 피어나지만 비바람 때문에 떨어지며,
　사람은 여인의 몸에서 나왔지만 여인 때문에 쓰러진다라고 하였습니다.

♣ 고약한 혀는 고약한 손보다 더 나쁘다는 사실을 명심합시다.

 May | 30

화구 火口

♥ **화요일**, 화구(火口)란 불을 때는 아가리를 화구라 합니다.

★ 평소에 많이 베푸십시오. 평소에 쌓아둔 공덕이 위기 때 빛을 발한답니다.

♣ 생각이 곧 감사입니다. 생각(think)과 감사(thank)는 어원이 같습니다. 깊은 생각이 곧 감사를 불러일으키니까요.

May | 31

수간모옥 數間茅屋

💛 수요일, 수간모옥(數間茅屋)이란 오두막 초가집을 말합니다.

★ 살면서 가장 아름다운 만남은 손수건 같은 만남입니다. 힘들 때는 땀을 닦아주고, 슬플 때는 눈물을 닦아주니까요.

♣ 남을 배려하고 아끼는 사랑의 행동은 그 자체가 아름다운 보석입니다. 사방에 널려 있는 이 보석을 찾지 못하는 것은 게으른 마음 때문입니다.

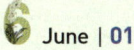 June | 01

목계별신제 牧溪別神祭

♥ **목요일**, 목계별신제(牧溪別神祭)란 충주시 엄정면 목계마을에서 남한강 뱃사람들의 안녕을 위해 정기적으로 치르는 축제형 마을 제사를 말합니다.

★ 마음은 나이를 먹지 않습니다. 그 이유는 오래 살기 위해서가 아니라, 바르게 살기 위해 노력하기 때문입니다.

♣ 일을 열심히 해서 삶이 피곤한 것이 아니라, 목표가 없기 때문에 삶이 피곤해지는 것입니다.

♥ 감사합니다. ♥ 고맙습니다. ♥ 사랑합니다.

June | 02

금화지 金貨紙

♥ , 금화지(金貨紙)란 천하제일 좋은 종이라는 뜻입니다. 이백이 당 현종을 위해 만고제일의 문장 청평사(淸平詞)를 지어 올릴 때 사용한 종이가 바로 금화지였습니다.

★ 늙어서 사랑받는 것은 호박 밖에 없습니다. 우리도 호박처럼 익어 갑시다. (사랑받기 위하여)

♣ 행복(幸福)은 재물의 양이 아니라 가슴에서 가슴으로 전해지는 따뜻한 마음의 양(量)입니다.

June | 03

토정 이지함土亭李之菡과 만지晚知마을

♥ **토요일**, 토정 이지함(土亭李之菡)과 만지(晚知)마을의 유래는 조선 중종 때 귀인이었던 토정은 옥녀봉에 오래 살면서도 바로 옆에 천하명당 길지(吉地)를 뒤늦게 알았다 하여, 이곳 마을 이름을 만지(晚知)라 하였습니다. 만지 마을은 충주시 동량면 지동리에 위치하고 있습니다.

★ 아침은 여자의 몸에 꼭 맞는 의상입니다.

♣ 기쁜 소식의 꽃말을 가진 나팔꽃(Morning Glory)은 아침의 영광이란 뜻을 담고 있습니다.

 June | 04

일빈일소 一嚬一笑

♥ **일요일**, 일빈일소(一嚬一笑)란 한비자에 나오는 말로 얼굴을 찡그리기도 하고 웃기도 한다는 뜻입니다. 즉 윗사람의 기분을 살핀다는 의미입니다.

★ 뜨거운 열정이 사람을 움직이게 하는가 하면, 사랑이든 일이든 진정으로 열정을 받쳐 미쳐야 내 것이 됩니다.

♣ 5월 21은 둘(2)이 하나(1)가 된다고 하여 부부의 날로 공식 지정한 날입니다.

June | 05

월일천년경 月日千年鏡

♥ **월요일**, 월일천년경(月日千年鏡)이란 달과 해는 천년의 거울이라는 뜻입니다.

★ 링컨 대통령이 암살당하자 당시 부대통령 엔드루 존슨이 대통령직을 수행하였고, 그 후 17대 대통령으로 출마하자 상대후보가 초등학교도 졸업 못한 양복쟁이 출신이 어떻게 나라를 경영할 수 있겠느냐고 멸시하였습니다. 그러자 존슨 후보는, 차분하게 "여러분 예수 그리스도가 초등학교를 졸업했다는 말을 들어 본적이 있습니까?"라는 한마디 말로 상황을 역전시켰습니다. (유머는 인생을 바꾸고 세상을 바꿉니다.)

♣ 할 수 없다라고 마음먹으면 한계가 만들어지고, 할 수 있다라고 마음먹으면 가능성이 만들어집니다.

June | 06

화무일어다정밀 花無一語多情蜜

♥ **화요일**, 화무일어다정밀(花無一語多情蜜)
　　　　월불유장문심방(月不踰墻間深房)
꽃은 말이 없어도 많은 꿀을 간직하고 있고,
달은 담장을 넘지 않아도 안방 깊이 찾아들 수 있다.
홍련아씨의 이 시(詩) 한 수로 김삿갓과 부부인연이 되었답니다.

★ 진실의 가장 큰 적은 편견이고,
　진실의 영원한 동반자는 감사와 겸손
　입니다.

♣ 사랑 받지 못한 사람은 불운이고, 사랑하지 않는 사람은 불행이라 했습니다. 열심히 사랑하고 열심히 사랑 받읍시다. 우리.

6 June | 07

수소 愁訴

, 수소(愁訴)란 애타게 호소하는 것을 수소라 합니다.

★ 사랑은 본디 주기 위한 것이지 소유하는 것이 아닙니다. 그리고 사랑하고 싶으면 지금 사랑하십시오. 내일이면 사랑하는 마음도, 사랑할 대상도 바뀔 수 있으니까요.

♣ 결혼식 부케는 4세기경 패션을 선도하는 프랑스에서 유래되었고, 꽃향기가 신부의 질병과 악마를 쫓아낸다는 믿음에서 시작되었답니다.

♥ 감사합니다. ♥ 고맙습니다. ♥ 사랑합니다.

 June | 08

목지촌 木芝村

♥ **목요일**, 목지촌(木芝村)은 중국 산시성 신저우시에 있으며, 중국 4대 미인 중 한 사람인 초선(貂蟬)의 고향입니다.

★ 말을 뒤집어 세상 다시 보기 1
지금 하지 않으면 언젠가 금지(禁止) 당할 날이 오고, 실상(實狀)을 제대로 파악하지 않으면 상실(喪失)의 아픔을 겪을 수 있습니다.

♣ 희망은 볼 수 없는 것을 보고, 만져질 수 없는 것을 느끼고, 불가능한 것을 가능하게 합니다.

6 June | 09

금화규 金花葵

♥ **금요일**, 금화규(金花葵)는 일명 황금 해바라기를 말하며, 꽃말은 신화입니다.

★ 말을 뒤집어 세상 다시 보기 2
체육(體育)으로 몸을 단련하지 않으면 육체(肉體)를 잃을 수 있으며, 관습(慣習)을 타파하지 않으면 나쁜 습관(習慣)에 얽매여 불행을 초래할 수 있습니다.

♣ 성공도 버릇이고, 실패도 버릇입니다. 운명을 바꾸고 싶으면 마음버릇, 말버릇, 몸버릇을 바꾸어야 합니다.

♥ 감사합니다. ♥ 고맙습니다. ♥ 사랑합니다.

June | 10

토인비

♥ **토요일**, 토인비는 지구상에 수많은 동물 중 인간만이 문명사회를 발전시킨 이유는 인간의 도전정신 때문이라고 하였습니다.

★ 말을 뒤집어 세상 다시 보기 3
작가(作家)로서 기질을 보여주지 않으면, 가작(佳作)도 탄생시킬 수 없으며, 일생(一生)을 목숨 걸고 살지 않으면 생일(生日)조차 변변히 맞이할 수 없습니다.

♣ 인간은 40이 지나면 자신의 습관과 결혼한다고 하였으니, 올바른 습관을 위해 노력합시다.

 June | 11

일리일해 一利一害

♥ **일요일**, 일리일해(一利一害)란 서로 이해가 다르다는 뜻입니다.

★ 말을 뒤집어 세상 다시 보기 4
　사상(思想)을 똑바로 세우지 않으면, 상사(上司)가 되어서도 무시당하고, 사고(思考) 즉 생각하지 않으면 고사(枯死)하여 말라 죽습니다.

♣ 진정한 우정은 인생의 포도주랍니다.

♥ 감사합니다. ♥ 고맙습니다. ♥ 사랑합니다.

June | 12
월강리 月岡里

♥ , 월강리(月岡里)는 전라북도 장수군 장계면에 있으며, 친구 박포의 부인과 간통한 황희 정승이 3년 10개월간 유배되어 살았던 곳입니다.

★ 말을 뒤집어 세상 다시 보기 5

세상의 소음(비난, 비방, 음해, 중상모략 등)과 단절(斷絕)하지 않으면, 인생이 절단(絕斷)날 수 있으며, 성품(性品)을 곱게 가꾸지 않으면 품성(品性)마저 망가집니다.

♣ 운이 없다고 생각하면 좋은 운이 따르지 않습니다.
이것이 바로 각인 효과입니다.

6 June | 13

화광동진 和光同塵

♥ , 화광동진(和光同塵)이란 부처가 중생을 깨우치기 위하여 본색을 감추고 사람 모습으로 나타나는 것을 말합니다.

★ 말을 뒤집어 세상 다시 보기 6
성숙(成熟)한 시간을 갖지 않으면 절대로 숙성(熟成)한 사람이 될 수 없으며, 수고하지 않고는 고수(高手)가 될 수 없습니다.

♣ 누군가를 원망한다는 것은 그 사람에 대한 나의 분노를 어두운 마음으로 토해내는 것입니다.

June | 14

수어지친 水魚之親

♥ , 수어지친(水魚之親)이란 물과 물고기가 사귄다는 뜻으로, 서로 떨어질 수 없는 친한 사이를 말합니다.

★ 세상에서 가장 아름다운 것은 꽃이 아니라, 아름다운 마음씨를 가진 사람입니다.

♣ 하고자 하는 것을 뒤로 미루는 것은 시간을 도둑질 하는 것입니다.

June | 15

목괴포장 木塊鋪裝

♥ **목요일**, 목괴포장(木塊鋪裝)이란 나무토막으로 포장한 것을 말합니다.

★ 자녀 교육에서 가장 중요한 3가지
  첫째: 본보기, 둘째: 본보기, 셋째: 본보기
  어머니 한 사람이 교장 선생님 100명보다 낫습니다.

♣ 미인이 따로 없고 정들면 다 미인입니다. 곰보도 정들면 보조개로 보이니까요.

June | 16

금사화 錦賜花

♥ 금요일, 금사화(錦賜花)란 임금이 문과에 급제한 사람에게 내리던 비단으로 만든 꽃으로, 어사화(御賜花)를 말합니다.

★ 천 년 동안 시들지 않고 벼락과 폭풍을 견뎌온 거목(巨木)도 손가락으로 문지르면 죽일 수 있는 딱정벌레에 의해 쓰러지고, 삶의 폭풍우와 눈사태를 이겨낸 인간은 근심이라는 번뇌의 벌레에 의해 하루아침에 쓰러집니다.

♣ 세상을 쥐락펴락하고, 사람을 죽였다 살렸다 하는 말을 제대로 사용하지 못하면 핵폭탄보다 더 끔찍한 무기가 됩니다.(앉으나 서나 말조심)

June | 17

토주어비 兎走烏飛

♥ **토요일**, 토주어비(兎走烏飛)란 토끼가 달리고 까마귀가 난다는 뜻으로, 세월의 빠름을 이르는 말입니다.

★ 분노, 미움, 배신감으로 치를 떨게 하는 글자 '그럴 수 있나'를 '그럴 수 있지'로, 한 글자만 바꿔 생각하면 분노의 파도를 안정과 평안으로 바꾸어 놓습니다. '그럴 수 있나'와 '그럴 수 있지'는 하늘과 땅 차이입니다.

♣ 이 세상에서 가장 센 주파수는 바로 말의 주파수랍니다. 핸드폰 기지국 주파수보다 사랑한다는 말의 주파수는 33배나 더 세니까요.

♥ 감사합니다. ♥ 고맙습니다. ♥ 사랑합니다.

 June | 18

일락천장 一落千丈

♥ **일요일**, 일락천장(一落千丈)이란 위신(威信)과 신망(信望)이 갑자기 떨어지는 것을 말합니다.

★ 시기와 질투는 칼과 같아서 몸을 해치고, 욕심은 불과 같아서 지나치면 몸과 마음을 상하게 합니다.

♣ 현충일 명칭은 1707년(숙종 33년) 이순신 장군의 충렬을 기리기 위해 세운 현충사에서 유래하였습니다. 현충일을 6월 6일로 정한 것은 6.25 전쟁으로 산화한 장병들의 넋을 기리는 의미도 있지만, 1956년 6월 6일이 손 없는 날(악귀가 없는 날) 즉, 망종일이어서 현충일로 제정하였답니다.

 June | 19

월성일 月星日

♥ **월요일**, 월성일(月星日)은 三光 즉 해와 달과 별의 세 가지를 이르는 말입니다.

★ 꽃잎에 새긴 사랑은 꽃 지면 시들고, 하늘에 새긴 사랑은 비 오면 지워지지만, 가슴에 새긴 사랑은 영원히 함께 합니다.

♣ 이 세상에 모든 문학 작품은 모국어의 자식들이며, 문학을 한다는 것은 모국어에 대하여 은혜를 갚는 일입니다.

June | 20

화류장 花柳場

♥ **화요일**, 화류장(花柳場)이란 기생 등 노는 계집들이 모여 있는 장소를 말합니다.

★ 결점과 약점, 그리고 부족함 점이 있기에 인간입니다.

♣ 건강하게 살려면, 나쁜 생각은 지우고, 좋은 생각만 머리에 담고 가슴에 새기 십시오.

6 June | 21
수욕정이풍부지 樹欲靜而風不止

, 수욕정이풍부지(樹欲靜而風不止)란 나무가 조용히 있고자 해도 바람이 그치지 않는다는 뜻으로, 자식이 효도하고 싶어도 부모님이 세상에 계시지 않는다는 것입니다.

★ 가장 현명한 사람은 늘 배우려고 노력하는 사람이고, 가장 훌륭한 삶을 산 사람은 살아 있을 때보다 죽었을 때 이름이 빛나는 사람입니다.

♣ 좋은 사람은 가슴에 담아 놓기만 해도 좋습니다.

June | 22

목본경 木本莖

♥ **목요일**, 목본경(木本莖)이란 나무줄기를 말합니다.

★ 세월이 약이라는 말은 속에 맺혔던 걱정거리도 시간이 지나면 자연히 잊힌다는 뜻입니다. 훗날에 일어날 걱정을 가불해서 미리 걱정하지 맙시다.

♣ 남남이 만나 부부가 된다는 것은 사랑을 받으려는 것이 아니라 더 많이 사랑하기 위함이며, 서로가 필요하고, 더 성숙한 인격을 쌓기 위함입니다.

June | 23

금시조 金翅鳥

♥ 금요일, 금시조(金翅鳥)란 불경에 나오는 상상의 새로 금빛 날개의 머리에는 여의주가 박혀 있고, 몸은 사람 모양이며, 불을 뿜어 용을 잡아먹고 산다는 가루다를 말합니다.

★ 웃음은 근심 걱정의 가래를 삭이는 용각산이자, 멍든 가슴의 한(恨)을 내려주는 시원한 사이다랍니다.

♣ 몸이 추운 것은 옷으로 감쌀 수 있지만, 마음이 추운 것은 오직 사랑으로만 감쌀 수 있습니다.

6 June | 24

토적성산 土積成山

♥ **토요일**, 토적성산(土積成山)이란 흙이 쌓여 산을 이룬다는 뜻으로, 작은 것이 모여 큰 것이 된다는 것입니다.

★ 맹자는 공경하는 마음이 예(禮)라고 하였고, 주자(朱子) 역시 예(禮)는 공경과 겸손의 본질이라고 했습니다.

♣ 되는 집안은 노랫소리가 드높고, 안 되는 집안은 고함이 드높습니다.

June | 25

일남지 日南至

♥ **일요일**, 일남지(日南至)란 1년 24절기 중 22절기 동지(冬至)를 일컫는 말입니다.

★ 꼭 이겨야하는 싸움 5가지
  질병, 가난, 무지, 시련, 자신.

♣ 행복하게 살고 싶으면 주어진 몫만큼 기뻐하고 즐거워하고 사랑하면 됩니다.

June | 26

월로지학 月露之學

♥ , 월로지학(月露之學)이란 문장만 아름답고 내용이 없는 시문을 일컫는 말입니다.

★ 인생을 살면서 하지 말아야 할 5가지
   원망, 자책, 현실부정, 궁상, 조급.

♣ 연등을 밝히는 마음은 욕심과 갈등의 마음이 아니라, 자비와 용서의 마음입니다.

June | 27

화선 畵仙

♥ **화요일**, 화선(畵仙)이란 매우 뛰어난 솜씨의 화가를 높이는 말입니다.

★ 사랑은 더 사랑하고 싶어서 늘 배고프고, 늘 목마르고, 늘 외롭다고 합니다.

♣ 이 세상에서 가장 슬픈 여자는 가슴에 따뜻한 사랑이 없는 여자와 이미 마음이 늙어버린 여자랍니다.

June | 28

수원숙우 誰怨孰尤

♥ 수요일, 수원숙우(誰怨孰尤)란 누구를 원망하고 탓할 수가 없다는 뜻입니다.

★ 아무리 영롱한 이슬도 가슴에 담으면 눈물이 되고, 아무리 예쁜 사랑도 지나고 나면 상처가 됩니다. 흔들리며 스스로 일어서게 그냥 두십시오.

♣ 평생 함께할 거라 믿었던 사람도 만나지 않으면 죽은 사람이고, 아무리 막역한 사이라도 서로 연락하지 않으면 죽은 관계입니다.(서로 살아 있는 사람이 됩시다)

June | 29

목금 木琴

♥ **목요일**, 목금(木琴)이란 실로폰을 일컫는 말입니다.

★ 서양 속담 한마디
한 방울의 꿀은 수많은 벌을 끌어 모으지만, 1만 톤의 가시는 단 한 마리 벌도 모을 수 없다고 하였습니다.
(가시 돋친 말보다 따뜻한 말 한마디가 세상을 바꿉니다.)

♣ 프로는 자기 일에 목숨을 걸지만, 아마추어는 자기 일에 변명을 겁니다.

June | 30

금심수구 錦心繡口

♥ 금요일, 금심수구(錦心繡口)란 아름다운 말이나 시, 문장에 재능이 뛰어나다는 뜻입니다.

★ 어떤 일을 망치는 가장 큰 원인은 두려움입니다. 두려움은 갖가지 변명거리를 만들어 내어 우리를 뒷걸음치게 합니다.

♣ 마음의 무게를 가볍게 하십시오. 마음이 무거우면 세상이 무거워 집니다.

June | 01
토기양미 吐氣揚眉

♥ **토요일**, 토기양미(吐氣揚眉)란 기염을 토하면서 눈썹을 치켜 올린다는 뜻으로, 의기양양한 모습을 말합니다.

★ 마음에도 저울이 있습니다.
열정이 무거워지면 '욕심'을 가리키고,
사랑이 무거워지면 '집착'을 가리키고,
자신감이 무거워지면 '자만'을 가리킵니다.

♣ 성형(成形)해야 할 것은 삐뚤어진 코가 아니라 삐뚤어진 마음입니다.

♥ 감사합니다. ♥ 고맙습니다. ♥ 사랑합니다.

July | 02

일의직도 一意直到

♥ **일요일**, 일의직도(一意直到)란 생각하는 그대로 나타내는 것을 말합니다.

★ 가정은 주택이 아닙니다.
가정은 사람의 마음이 사는 곳이고, 주택은 사람의 육신이 거처하는 건물입니다. 그래서 스위트 홈 sweet home 은 있어도 스위트 하우스 sweet house 라는 말은 없답니다.

♣ 편견(偏見)과 선입견(先入見)의 또 다른 이름은 교만입니다. 교만은 모든 죄의 근원이 됩니다.

July | 03

월녀제희 越女齊姬

♥ **월요일**, 월녀제희(越女齊姬)란 월(越)나라와 제(齊)나라에는 미인이 많다는 데서 온 말입니다.

★ 오래될수록 아름다운 자태를 드러내는 생명체는 나무뿐입니다. 고목(古木)은 시간이라는 거름에 고독을 이겨낸 위대함을 가르쳐 주니까요.

♣ 사람은 귀 때문에 망하는 사람은 없지만, 입 때문에 망하는 사람은 수없이 많다는 사실을 잊지 맙시다.

7 July | 04
화중유시 畵中有詩

♥ **화요일**, 화중유시(畵中有詩)란 그림 속에 시적 정취가 풍긴다는 뜻입니다.

★ 불길 같은 사랑이 아름답다 하지만, 사랑 중에 가장 값진 사랑은 인내의 사랑입니다. 사랑은 누구나 할 수 있지만, 오래 참고 견디는 사랑은 누구나 할 수 없는 사랑이기 때문이지요.

♣ 사랑의 반대말은 소유욕입니다. 그 소유욕 때문에 괴로움이 시작되고 불필요한 갈등과 다툼의 불씨가 일어납니다.

수후지주 隋候之珠

July | 05

💛 **수요일**, 수후지주(隋候之珠)는 옛날 수나라 임금이 뱀을 도와준 공로(功勞)로 얻었다는 보배로운 구슬을 말합니다.

★ 사랑의 말 한마디가 소망의 뿌리가 되어 열정에 불씨를 당기고, 악담 한마디가 파괴의 씨가 되어 절망의 근원이 되듯이, 짧은 말 한마디가 인생을 바꾸고, 세상을 변하게 합니다.

♣ 자신을 낮추면 다툼이 없습니다.
검손을 생활화 합시다!

July | 06

목설 木屑

♥ **목요일**, 목설(木屑)은 톱밥을 말합니다.

★ '현재(present, 프리젠트)'라는 단어와 '선물(present, 프러젠트)'이라는 단어는 발음은 조금 다르지만 스펠링은 같습니다. 현재라는 이 시간은 나에게 주어진 선물입니다. 이 귀한 선물을 받을 수 있는 기회가 바로 지금이라는 뜻이지요.

♣ 내일보다 오늘을 다음보다 지금을 사랑하는 사람이 성공(成功)합니다.

7 July | 07
금혁지난 金革之難

♥ **금요일**, 금혁지난(金革之難)이란 전쟁의 고난을 말합니다.

★ 사랑해란 말 중에서 첫 글자인 '사'는 죽을 사(死)를 쓰고 두 번째 '랑'은 너랑 나랑 할 때 랑이며, 마지막 글자인 '해'는 같이해 할 때 해입니다. 즉, 사랑해란 말은 너랑 나랑 죽을 때까지 함께 하자는 뜻입니다.

♣ 좋은 친구를 만드는 건 나 자신입니다. 내가 좋아지면 상대도 좋아지니까요.

July | 08

토라치리 兎羅雉羅

♥ **토요일**, 토라치리(兎羅雉羅)란 토끼그물에 꿩이 걸린다는 뜻으로 소인배의 꾀에 군자가 화(禍)를 입는 것을 말합니다.

★ 과거는 유통기간이 지난 휴지 조각이고, 미래는 아직 발행하지 않은 약속 어음이며, 언제나 사용 가능한 현금 가치는 오직 현재 즉 지금뿐입니다.

♣ 유태인 속담에 태양은 당신이 없어도 뜨고 진다고 했습니다.
(오만을 떠는 것은 지식만 있었지 지혜가 없는 까닭입니다)

July | 09

일이위상 日以爲常

♥ **일요일**, 일이위상(日以爲常)이란 날마다 같은 일을 하는 것을 말합니다.

★ 돈으로 결혼한 사람은 낮이 즐겁고, 육체로 결혼한 사람은 밤이 즐겁고, 마음으로 결혼한 사람은 밤낮이 즐겁습니다.

♣ 인생을 아름다운 색깔로 물들이려면 칭찬과 격려를 아끼지 마십시오.

July | 10

월이산영개일하루흔소 月移山影改日下樓痕消

♥ **월요일**, 월이산영개일하루흔소(月移山影改日下樓痕消)란 달이 옮기니 산 그림자가 고쳐지고, 해가 지니 누각 그림자가 사라진다는 뜻입니다.

★ 아름다운 꽃들은 계절에 따라 피지만, 웃음꽃은 언제 어디서나 사시사철 피어나는 꽃입니다. 그래서 꽃 중에 가장 으뜸은 바로 웃음꽃이랍니다.

♣ 소통(疏通)을 잘하려면 내가 먼저 마음의 문을 활짝 열고 낮추어야 합니다. 이것이 바로 하심(下心)입니다. 하심은 나의 앞을 가로막은 장벽도 스스로 사라지게 합니다.

July | 11

화종구생 禍從口生

♥ **화요일**, 화종구생(禍從口生)이란 재앙(災殃)은 입으로부터 나오니 말을 삼가라는 뜻입니다.

★ 지금은 5불문 시대(인품을 갖춘 능력시대)
- 학벌불문
- 남녀불문
- 나이불문
- 인종불문
- 출신불문

♣ 몸의 주치의는 의사지만, 삶의 주치의는 바로 자신 뿐이라는 것을 잊지 맙시다.

7 July | 12
수서 首鼠

♥ 수요일, 수서(首鼠)란 구멍에 머리만 내밀고 엿보는 쥐라는 뜻으로, 진퇴나 거취를 정하지 못하고 망설이는 것을 의미합니다.

★ 웃음이 있는 사람은 가난이 없습니다. 더 잘 살고 더 행복해지고 싶으면 많이 웃어야 합니다.

♣ 생각을 조심하십시오, 생각은 말이 됩니다.
말을 조심하십시오, 말은 행동이 됩니다.
행동을 조심하십시오, 행동은 미래가 됩니다.

목석불부 木石不傅

♥ **목요일**, 목석불부(木石不傅)란 나무에도 돌에도 붙일 곳이 없다는 뜻으로, 어디에도 의지할 곳이 없는 처지를 말합니다.

★ 나중에 다음 기회라고 미루는 사람은, 미룬 만큼 인생을 허비하고 사는 사람입니다.

♣ 질투는 천 개의 눈을 가졌지만, 볼 수 있는 것은 단 한 개도 없습니다.

7 July | 14
금란지의 金蘭之誼

♥ 금요일, 금란지의(金蘭之誼)란 사이좋은 벗끼리 마음을 합치면 단단한 쇠도 자를 수 있고, 우정의 아름다움은 난의 향기와 같다는 뜻으로, 매우 친밀한 친구 사이를 말합니다.

★ 성공한 사람의 마음에는 지금(now /today)이라는 글이 새겨져있고, 실패한 사람의 마음에는 다음(next/ tomorrow)이라는 글귀가 새겨져 있습니다.

♣ 사랑을 잃으면 사계절을 잃은 것과 같습니다.

July | 15

토가 土架

♥ **토요일**, 토가(土架)란 불 막이로 아궁이 위에 설치하는 맷돌을 말합니다.

★ 새는 날 수 있고, 사람은 날 수 없다는 이유는 새는 날 수 있다는 신념이 있고, 사람에게는 날 수 있다는 신념이 없기 때문입니다.

♣ 여자는 증명된 사랑에도 불안해하지만, 남자는 작은 사랑의 증거에도 용기를 얻습니다.

July | 16

일점홍 一點紅

♥ **일요일**, 일점홍(一點紅)은 푸른 잎 가운데 한 송이의 꽃이 피어 있다는 뜻으로, 무리 가운데 오직 하나 이체를 띠는 것을 말합니다.

★ 우에 ㅅ을 붙이면 웃다가 되고, 우에 ㄹ을 붙이면 울다가 됩니다. 웃다와 울다는 아주 반대의 경우에 나타나는 현상이지만, 그 뿌리는 하나입니다.

♣ 게으름은 온갖 불행(不幸)의 근원(根源)이자, 살아있는 무덤입니다.

July | 17

월경운객 月卿雲客

♥ **월요일**, 월경운객(月卿雲客)이란, 귀족을 일컫는 말입니다.

★ 창조주께서 우주 만물을 창조할 때 빛을 제일 먼저 만든 이유는 세상 만물이 서로 헌신하는 밝은 모습을 보고, 인간들 가슴에 아름다운 사랑이 넘치라고 제일 먼저 빛을 만들었답니다.

♣ 효도(孝道)는 가족을 사랑으로 묶는 아름다운 밧줄입니다. (효는 모든 일에 근본)

♥ 감사합니다. ♥ 고맙습니다. ♥ 사랑합니다.

July | 18

화우계 火牛計

♥ **화요일**, 화우계(火牛計)란 병법의 하나로, 여러 마리 황소 뿔에 칼을 달고 꼬리에는 기름 뭉치를 매단 다음 불을 붙여 적진으로 돌진시키는 것을 말합니다.

★ 좋아하는 것은 감정의 흔들림이고, 사랑하는 것은 영혼의 떨림입니다.

♣ 육신의 형체를 갖추었다고 인간이라 할 수 없습니다. 육신 속에 건전한 혼이 담겨 있어야 진정한 인간입니다.

7 July | 19
수인사대천명 修人事待天命

💛 수요일, 수인사대천명(修人事待天命)이란 사람의 힘으로 할 수 있는 일을 다 하고, 하늘의 명을 기다린다는 뜻입니다.

★ 남편은 아내의 얼굴이고, 아내는 남편의 마음입니다.
그래서 풍요로운 삶을 위해서는 남편과 아내는 더 아끼고 사랑해야 합니다.

♣ 모든 사람을 부처님과 하나님처럼 섬기십시오. 그것이 참 불공이자 참 기도입니다.

💜 감사합니다. 💜 고맙습니다. 💜 사랑합니다.

7 July | 20
목인석심 木人石心

♥ **목요일**, 목인석심(木人石心)이란 나무 인형에 돌 같은 마음이라는 뜻으로, 감정이 전혀 없는 사람을 말합니다.

★ 순결한 웃음은 자기 자신을 속이지 않는 데서 나오는 진실의 상표입니다.

♣ 여자는 자신을 위해 노력하는 남자에게 감동하고, 남자는 자신을 위해 희생하는 여자에게 마지막 순정을 바칩니다.

July | 21
금곡주수 金谷酒數

♥ **금요일**, 금곡주수(金谷酒數)란 술자리에서 받는 벌주를 말합니다.

★ 이름이 알려진 문화유산은 거의 다 백성들의 피눈물이 서려 있습니다. 이런 예술품은 예술적 아름다움보다 작품 속에 녹아 있는 인간의 아픈 영혼이 느껴집니다. 특히 일본이 자랑하는 세계문화유산 군함도는 우리 조상들의 통곡의 피 눈물이 서려 있는 곳입니다.

♣ 사과(謝過)는 얽힌 일을 처리하려는 의지와 용기를 지닌 자만이 구사할 수 있는 승리의 언어입니다.

July | 22

토서 土書

♥ **토요일**, 토서(土書)란 우리나라 글 즉 한글의 다른 이름입니다.

★ 1961년 10월18일부터 47일간, 뉴욕 현대미술박물관에서 이중섭 화백이 모방하여 그린 그림, 헨리 마티스의 추상화 르바또 전시에 10여만 명이 관람하고 대찬사를 연발하였는데, 웃기는 것은 전시기간 동안 이 그림이 거꾸로 걸려 있었다는 것입니다.
(무식한 귀신은 부적도 몰라본다는 우리 속담을 생각나게 합니다)

♣ 사랑이란?
빠지는 것이 아니라 스며드는 것입니다.

7 July | 23

일의전심 一意專心

♥ **일요일**, 일의전심(一意專心)이란 오로지 한 가지 일에만 온 마음을 쏟는다는 뜻입니다.

★ 모나리자는 플로렌스의 상인 프란체스코 지오콘다가 자신의 아내 엘리자베스를 위해 그린 그림입니다. 이탈리아어로 모나는 유부녀, 리자는 엘리자베스의 약어이고, 현재 방탄유리로 덮여 있는 이 그림은 보험료만 2억 달러랍니다.

♣ 연애 감정이 생기지 않는 동성보다 더 편한 이성 친구가 있다면 그것은 멋진 인생의 자양분이 됩니다.

월로 月露

♥ **월요일**, 월로(月露)란 달빛어린 이슬을 말합니다.

★ 사람과 사람 사이를 연결해 주는 고리가 바로 마음이며, 마음의 고리가 끊어지면 인간관계도 끊어집니다.

♣ 가장 아름다운 열매는 눈물로 뿌린 씨앗에, 땀으로 뻗은 가지에, 인내로 핀 꽃이 떨어져 맺힌 열매입니다.

7 July | 25
화중신선 花中神仙

♥ **화요일**, 화중신선(花中神仙)이란 꽃 중의 신선이란 뜻으로, 깨끗하고 고상한 해당화를 말합니다.

★ 손은 두 사람을 하나로 묶을 수도 있지만, 서로 밀어낼 수도 있습니다.

♣ 자신을 낮추는 것이 열린 마음의 시작이고, 내 것을 고집하지 않고 남의 것을 받아들이는 것이 곧 열린 마음입니다.

July | 26

수상유 水上油

♥ 수요일, 수상유(水上油)란 물 위에 뜬 기름이란 뜻으로, 서로 잘 어울릴 수 없는 사이를 말합니다.

★ 욕심이 적은 사람은 남의 비위를 맞추고자 아부할 일도 없고, 갖가지 욕망에 끌려 다닐 이유도 없습니다.

♣ 용서(容恕)는 잠시 나를 버리고 상대에게 배려하는 것을 말합니다.
  ※ 恕(용서 서)는 如(같을 여) + 心(마음 심)의 합성어로 즉, 서로의 마음이 같을 때 이루어지는 아름다운 걸작품이 바로 용서입니다.

July | 27
목우 沐雨

♥ **목요일**, 목우(沐雨)란 목욕 하듯이 비를 흠뻑 맞는다는 뜻으로 세파에 시달려 고생이 많다는 것입니다.

★ 미인대회 기원은 그리스 신화에서 제우스의 부인 헤라, 지혜의 여신 아테나, 미의 여신 비너스가 가장 아름다운 여신에게 주어지는 금사과를 차지하기 위해 트로이 왕자 파리스 앞에서 경연을 벌이는 '파리스의 심판'이 미인대회의 기원입니다.

♣ 헤밍웨이 묘비명은 '일어나지 못해 미안하네' 입니다.

7 July | 28

금구목설 金口木舌

♥ **금요일**, 금구목설(金口木舌)이란 훌륭한 언변으로 사회를 이끌어 나가는 사람을 비유한 말입니다.

★ 마음 밭에 잡초를 없애는 방법은 착한 생각을 심으면 자연히 마음 밭에 잡초는 사라집니다.

♣ 따뜻함을 받아들이는 속도보다 서운함을 받아들이는 속도가 더 빠릅니다. 따뜻함은 둥글고 서운함은 날카롭기 때문입니다.

7 July | 29
토서혼 土鼠婚

♥ **토요일**, 토서혼(土鼠婚)이란 두더지 혼인이란 뜻으로, 공연히 애만 쓰다가 결국은 실패하는 것을 말합니다.

★ 여당(與黨)을 지지하는 사람들이 주로 부르는 노래는?
   유심초의 사랑이여,
  야당(野黨)을 지지하는 사람들이 주로 부르는 노래는?
   송창식의 사랑이야!

♣ 정중한 예의(禮儀)를 갖추어야 합니다. 실력 없는 것은 용납이 되지만, 예의 없는 인간은 용납이 되지 않으니까요.

July | 30
일모도궁 日暮途窮

♥ **일요일**, 일모도궁(日暮途窮)이란 날은 저물고 갈 길은 멀다는 뜻으로, 늙고 쇠약해 진 것을 이르는 말입니다.

★ 베토벤, 드보르, 말러, 윌리엄은 모두 교향곡 아홉 번을 작곡하고, 열 번째를 준비하다가 죽은 희생자들입니다.

♣ 길은 많아도 종착지는 하나입니다. 길은 떠나기 위해서 우리가 존재하는 것이 아니라 돌아오기 위해서 존재합니다.

7 July | 31

월색 月色

♥ **월요일**, 월색(月色)이란 달빛을 말합니다.

★ 1980년대까지만 해도 히말라야 산맥에 사는 대부분 마을에서는 남자 손님이 방문하면 존경의 표시로 여자들은 젖가슴을 내놓고 인사하였습니다.

♣ 중광스님 묘비명은 '에이 괜히 왔다 간다' 입니다.

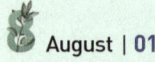
August | 01

화피초목 化被草木

♥ **화요일**, 화피초목(化被草木)이란 덕(德)은 사람이나 짐승뿐만 아니라 초목에도 영향을 미친다는 뜻입니다.

★ 忍(참을 인)자는 칼날 밑에 마음을 두고 있습니다. 이것은 참지 못하는 자가 먼저 칼날에 상처를 입는다는 뜻이지만, 그 칼날을 잘 사용하면 온갖 미움과, 증오, 그리고 분노를 잘라 낼 수 있다는 것을 말해 줍니다.

♣ 세상은 가슴을 여는 만큼 풍족해지고, 참는 만큼 성숙해집니다.

August | 02

수중축대 隨衆逐隊

💛 **수요일**, 수중축대(隨衆逐隊)란 자기의 뚜렷한 주관 없이 여러 사람 틈에 끼여 덩달아 행동하는 것을 말합니다.

★ 이이불이(二而不二)란 둘은 둘인데, 알고 보면 둘이 아니라 하나라는 뜻입니다. 그래서 자연과 인간은 이이불이랍니다.

♣ 악천후와 폭풍을 겪지 않고는 큰 나무로 자랄 수 없습니다. 그래서 온갖 불행과 역경은 나약한 인간에게는 독이지만, 강인한 인간에게는 성공할 수 있는 비타민입니다.

August | 03

목자득국 木子得國

♥ **목요일**, 목자득국(木子得國)이란 고려 중엽의 가요로, 장차 이씨 성을 가진 사람이 임금이 된다는 노래입니다.

★ 사람이 풍기는 냄새 중 가장 좋은 냄새는 향수가 아니라 인간미 넘치는 사람 냄새입니다. 사람 냄새는 코가 아니라 마음으로만 맡을 수 있답니다.

♣ 인간은 자연의 이끼에 불과합니다. 그러니 너무 아옹다옹하며 살지 맙시다.

August | 04

금석위개 金石爲開

♥ **금요일**, 금석위개(金石爲開)란 쇠와 돌을 열리게 한다는 뜻으로, 전력을 다하면 어떤 일도 성공할 수 있다는 것입니다.

★ 우리가 신호등을 기다리는 이유는 곧 바뀐다는 것을 알기 때문입니다. 지금 어렵고 힘들어도 조금만 참고 기다리면 빨간 신호등이 녹색 신호등으로 바뀔 것입니다.

♣ 정성은 절대 거짓말을 하지 않습니다. 나쁜 일에 정성을 들이면 나쁜 결과를 낳고, 좋은 일에 정성을 들이면 좋은 결과를 낳으니까요.

August | 05

토졸 吐捽

♥ **토요일**, 토졸(吐捽)이란 고구려 시대 국정을 총괄하던 최고의 벼슬로 대대로(大對盧)를 말합니다.

★ 노래를 아는 사람은 인생의 참 맛을 알고, 아름다움을 아는 사람은 세상을 바로 볼 줄 아는 사람입니다.

♣ 게으른 마음만 가지지 않는다면 넘지 못할 벽은 없습니다.

August | 06

일고삼장 日高三丈

♥ **일요일**, 일고삼장(日高三丈)이란 아침 해가 높이 떴음을 말합니다.

★ 여자에게 단 한 번의 눈길도 주지 않은 유일한 숫총각, 그리스의 수도승 미하일 톨로로스는 82세로 세상을 떠날 때까지 여자는 물론 암컷 동물조차 한 번도 본 적이 없습니다. 그의 어머니는 그가 태어날 때 죽었으며, 다음날 그는 에토스 산꼭대기에 있는 수도원으로 보내진 후 세상과 완전히 격리되어 살아야 했습니다. 당시 9세기부터 실시되어 온 관습에 따라 여자와 동물 암컷마저 수도원에 들어가는 것을 금했기 때문입니다.

♣ 말(言)은 보이지 않는 마음을 볼 수 있는 또 다른 마음입니다.

August | 07

월성최 月城崔 씨

♥ , 월성최(月城崔)씨의 시조는 고운 최치원으로, 경주최씨의 시조입니다.

★ 마음은 행복과 불행을 만들고, 지옥과 극락도 만듭니다. 그러니 쫓아가지 말고 마음의 주인이 되십시오.

♣ 하늘에 핀 꽃은 별이라 하고, 가슴에 핀 꽃은 사랑이라 합니다. 사랑은 주는 사람과 받는 사람 모두가 행복해지는 마법을 지니고 있습니다.

August | 08

화유중개일인무갱소년 花有重開日人無更少年

♥ **화요일**, 화유중개일인무갱소년(花有重開日人無更少年)이란 꽃은 다시 피지만, 사람은 다시 젊은 날이 오지 않는다는 뜻입니다.

★ 역사를 바꾼 위대한 인물 중에서 프랑스의 나폴레옹, 미국의 스티브 잡스(입양아), 이스라엘의 가장 위대한 인물 모세(태어난 지 3개월 만에 부모와 떨어져 유모에게 자람) 등은 모두 고아였습니다.

♣ 남녀 간에 잘 났네 못 났네 따져 봤자 컴컴한 어둠 속에서는 모두 똑같습니다.(지나치게 따지는 것은 어리석은 행위입니다)

August | 09

수시응변 隨時應變

💛 **수요일**, 수시응변(隨時應變)이란 그때그때 처한 상황에 따라 변화한다는 뜻입니다.

★ **이어도보다 신비로운 섬**

미칠 듯 괴로울 때나 한없이 슬플 때나 마음 한 구석에서 조용히 빛을 내며 나타나는 섬.
바로 '그래도'입니다.
'그래도 너는 멋진 사람이야'
'그래도 너는 건강하잖니?'
'그래도 세상은 살만하단다.'
'그래도'는 자신을 돌아볼 수 있게 하는 용서와 위로의 섬입니다.

♣ 부모의 덕행(德行)은 자식들에게 최상의 유산입니다.

August | 10

목식이시 目食耳視

♥ **목요일**, 목식이시(目食耳視)란 눈으로 먹고 귀로 본다는 뜻으로, 실속보다 겉치장에 신경 쓰는 것을 말합니다.

★ 좋은 삶을 살기는 참 쉽습니다.
　좋은 마음을 가지고 살아가면 됩니다.
　행복하기도 너무 쉽습니다.
　욕심내지 말고 가진 걸 사랑하면 됩니다.

♣ 마음이라는 것은 좁히면 바늘 하나 꽂을 자리도 없지만, 넓히면 온 우주를 다 품어도 남습니다.

August | 11

금곤복거 禽困覆車

, 금곤복거(禽困覆車)란 잡힌 짐승도 괴로우면 수레를 뒤엎는다는 뜻으로, 약자도 살기 위하여 기를 쓰면 큰 힘을 낸다는 것입니다.

★ 엉큰(엉덩이가 큰 사람)일 경우, 당뇨병 위험이 큽니다. 제시카 래빗, 마릴린 먼로, 킴 카다시안 등 모두 엉덩이 미녀들로서, 섹스 심벌이었지만 당뇨병 환자들이였습니다.

♣ 포기하지 않는 한 결코 실패는 없습니다.

August | 12

토록 土綠

♥ **토요일**, 토록(土綠)이란 벽화를 그릴 때 쓰는 푸른 빛 나는 흙을 말합니다.

★ 퇴계 이황이 인용한 주역 중에서 항용유회(亢龍有悔)란 말이 있습니다. 가장 높이 올라간 용이 결국 후회의 눈물을 흘린다는 뜻으로 높이 올라가기도 어렵지만, 눈물 흘리지 않고 내려오기는 더 어렵다는 뜻입니다.

♣ 손님이 오지 않는 집에는 천사도 찾아오지 않습니다.

August | 13

일일삼성 一日三省

♥ **일요일**, 일일삼성(一日三省)이란 하루 세 번씩 자신의 행동을 반성한다는 뜻입니다.

★ 사랑 즉 LOVE란?
　첫째, **L**(Listen)은 상대방의 말에 관심을 갖고 들어주는 것.
　둘째, **O**(open)는 마음을 열어 상대를 따뜻하게 감싸 주는 것.
　셋째, **V**(value)는 상대를 소중히 여기는 가치.
　넷째, **E**(Express)는 사랑은 진실한 행동으로 표현하는 것.

♣ 질병은 입을 쫓아 들어가고, 화근은 입을 쫓아 나옵니다.

August | 14

월헌집 月軒集

♥ **월요일**, 월헌집(月軒集)이란 조선 중종 때 문신이며, 문장가였던 정수강의 문집을 말합니다.

★ 이해는 아름다움의 시작입니다. 그리고 살면서 가장 이해하기 어려운 인간은 이해가 안 되는 인간이랍니다.

♣ 사람의 발바닥 가죽이 두꺼운 이유는 인생은 험난한 가시밭길이라는 것을 알려주기 위함입니다.

August | 15

화룡유구 畵龍類狗

♥ **화요일**, 화룡유구(畵龍類狗)란 큰일을 하려다 실패하여 작은 일 한 가지도 이루지 못함을 비유하는 말입니다.

★ 즐기는 것보다 더 위대한 스펙은 없습니다. 사랑도 즐겨야 이루어지고, 일도 즐겨야 성공합니다.

♣ 여름은 더워야 여름입니다. 여름이 덥지 않으면 그것은 재앙(災殃)입니다.

August | 16

수고무강 壽考無疆

, 수고무강(壽考無疆)이란 만수무강(萬壽無疆)을 뜻합니다.

★ 로마 시대에는 여자들의 허영을 막기 위해 의상과 각종 보석의 소유권을 제한시키는 법, 즉 오피아 법을 제정한 일이 있습니다.

♣ 성냥은 석류황(石硫黃)에서, 숭늉은 숙냉(熟冷)에서, 영계는 연계(軟鷄)라는 한자어에서 파생된 것입니다.

August | 17

목불지서 目不之書

♥ **목요일**, 목불지서(目不之書)란 글을 알지 못하는 일자무식을 뜻합니다.

★ 빗방울이 한두 방울 떨어지면 젖을까봐 피하지만, 흠뻑 젖고 나면 더 이상 두려워하지 않습니다.
'희망'에 젖으면 미래가 두렵지 않고,
'사랑'에 젖으면 마음이 두렵지 않고,
'직업'에 젖으면 인생이 두렵지 않습니다.
젖기를 두려워한다는 것은 나를 그곳에 던지지 않았다는 증거입니다. 무엇을 하든지 거기에 온몸을 던지십시오. 그러면 마음이 편해지고 삶이 자유로워집니다.

♣ 얼굴이 못생긴 여자가 가장 좋아하는 말은 '마음이 고와야 여자지.'

August | 18

금의옥식 錦衣玉食

💙 금요일, 금의옥식(錦衣玉食)이란 비단옷과 흰쌀밥이라는 뜻으로, 사치스러운 생활을 말합니다.

★ 미국의 수도 워싱턴에는 고층 건물이 없습니다.
그 이유는 국회의사당 높이가 229m로, 의사당보다 높은 건축물을 지을 수 없도록 건축법을 규제했기 때문입니다.

♣ 좋은 말을 많이 하십시오. 좋은 말은 자신을 위하는 기도입니다.

 August | 19

토로 吐露

♥ **토요일**, 토로(吐露)란 속마음을 모두 드러내어서 말하는 것을 의미합니다.

★ 히틀러는 2차 세계대전 전에 미국 은행에 1백만 달러 이상을 예금하였고, 아직도 그 원금과 이자는 미국은행에서 보관하고 있습니다.
왜 히틀러가 살아 돌아오면 줘야 하니까요. (ㅋㅋ)

♣ 왕자가 입은 비단옷이 아무리 아름다울지라도 직접 일을 해서 사 입는 무명옷만 못합니다.

August | 20

일척건곤 一擲乾坤

♥ **일요일**, 일척건곤(一擲乾坤)이란 운명과 흥망을 걸고 단판에 승부를 겨룬다는 뜻입니다.

★ 러시아의 이반 뇌제(雷帝)는 1555년 모스크바에 성바실 교회를 세우고 난 뒤, 그 아름다움에 반한 나머지 혹 더 아름다운 건축물이 세워질까 봐 설계자 포스닉과 파르마에게 다시는 설계를 하지 못하도록 눈알을 빼고 말았습니다.

♣ 세상에서 가장 염치가 없는 도둑놈은 도난방지기를 훔쳐 가는 도둑놈입니다.

August | 21

월랑 月廊

♥ **월요일**, 월랑(月廊)이란 대문간에 붙어 있는 방으로서 주로 하인들이 거처하던 방을 말합니다.

★ 최초 미스코리아 선발대회는 1957년 5월 19일 한국일보가 주최하였고, 미스 진은 박현옥이 선발되었습니다.

♣ 뇌물 수수는 자기 자신은 물론 주변사람들과 이 사회를 망칩니다. 그 이유는 무력도 권력도 금력을 당할 수 없기 때문이지요. 그래서 뇌물은 가장 무서운 사회악입니다.

 August | 22

화서지국 華胥之國

♥ 화요일, 화서지국(華胥之國)이란 태평성대를 말합니다.

★ 언젠가 하겠다는 말은 곧 하지 않겠다는 이음동의어(異音同義語)입니다.

♣ 향기로운 마음은 남을 위해 기도하는 마음이고, 정성된 마음은 자기를 아끼지 않는 헌신적인 마음입니다.

August | 23

수류운공 水流雲空

💛 <u>수요일</u>, 수류운공(水流雲空)이란 흐르는 물과 하늘의 뜬구름이란 뜻으로, 과거사의 허무함을 일컫는 말입니다.

★ 말 한마디가 우리의 생활입니다. 좋은 말을 생활화 하면 좋은 사람이 되고, 아름다운 말을 생활화 하면 아름다운 사람이 되고, 나쁘고 험한 말을 생활화 하면 나쁘고 험한 사람이 되니까요.

♣ 산사(山寺) 처마 끝에 달린 풍경도 바람이 불어야 아름다운 소리를 내고, 범종도 더 아파야 우렁차고 은은한 메아리를 만들어 멀리까지 보냅니다.

August | 24

목우즐풍 沐雨櫛風

♥ **목요일**, 목우즐풍(沐雨櫛風)이란 비로 목욕하고 바람으로 머리를 빗는다는 뜻으로, 고생이 심하다는 것입니다.

★ 사랑은 누구나 할 수 있지만, 아무나 할 수 없습니다. 그래서 사랑하면서 살아가는 사람은 늙지 않고 맛있게 익어가는 것이라 합니다.

♣ 경험은 가장 훌륭한 스승입니다. 다만 학비가 비쌀 따름입니다.

August | 25

금선 金仙

♥ 금요일, 금선(金仙)이란 금빛나는 신선이란 뜻으로, 부처님을 가리키는 말입니다.

★ 영어 단어 체인지(change), 즉 변화에서 g라는 글자를 c로 바꾸면 기회, 찬스(chance)가 됩니다.

♣ 오른손이 앞으로 나가면 왼손이 뒤로 가고, 오른발이 앞으로 나가면 왼발은 뒤에 남습니다. 손과 발이 어긋나면서 걸어가듯, 행복(幸福)과 불행(不幸)도 번갈아가며 나타납니다.

August | 26

토활 土猾

♥ **토요일**, 토활(土猾)이란 본토박이의 교활한 인간들을 말합니다.

★ 자식에게 부모의 능력은 부모 지갑 두께에 달렸다고 하니,
(오 ~통제라)
우리가 알아야 할 것은 개보다 못한 자식들이 많다는 사실입니다.
주인이 가난하다고, 못생겼다고 해서 주인을 싫어하는 개는 없으니까요.

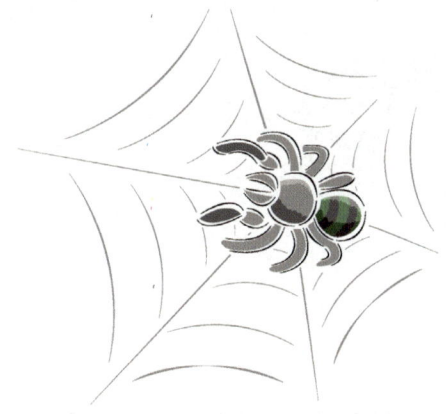

♣ 거미도 줄을 쳐야 벌레를 잡는다는 말이 있듯이, 준비 없이 잘 되기를 기대하지 마십시오. 준비 없이 시작하는 일은 자살행위나 다름없습니다.

August | 27

일고경국 一顧傾國

♥ **일요일**, 일고경국(一顧傾國)이란 한 번 돌아보면 나라가 기운다는 뜻으로, 경국지색(傾國之色)을 말합니다.

★ 오늘날 우리나라 교육의 비극은 마음공부가 아닌 지식공부에만 치우쳤기 때문입니다. 그래서 교육이 아니라 사육입니다.

♣ 여자는 몰라도 되는 일에 지나친 관심을 보이고, 남자는 꼭 알아야 할 일에도 무관심으로 일관하기도 한답니다.

 August | 28

월성김씨 月城金氏

♥ **월요일**, 월성김씨(月城金氏)의 시조 김이진은 경순왕의 셋째 아들 영분공(永芬公) 김명종의 17세손입니다.

★ 돈을 잘 버는 것은 노력과 기술이지만, 돈을 잘 쓰는 것은 예술입니다. (열심히 밥 사고 술 삽시다)

♣ 참사랑에는 감탄부호(!)도 있고, 덧셈표(+)도 있고, 곱셈표(×)도 있고, 쉼표(,)도 있지만, 마침표(.)가 없는 것이 참사랑입니다.

August | 29

화부재양 花不再揚

♥ **화요일**, 화부재양(花不再揚)이란 한번 떨어진 꽃은 다시 가지에 올라붙지 못한다는 뜻입니다.

★ 솥이 적다(비좁다)고 우는 새가 소쩍새입니다. 그래서 소쩍새가 울면 풍년이 든다고 합니다.

♣ 낮은 것이 높은 것이고, 열린 마음이 강한 것입니다.

August | 30
수거불부회언출난갱수 水去不復回言出難更受

, 수거불부회언출난갱수(水去不復回言出難更受)란 물은 한 번 가면 다시 돌아오지 않고, 말은 한번 나오면 다시 거두기 어렵다는 뜻입니다.

★ 퇴계가 직접 지은 묘비명의 마지막 둘째 줄, '우중유락락중유우(憂中有樂樂中有憂) 근심 속에 즐거움 있고, 즐거움 속에 근심이 있네'라는 구절이 있습니다.

♣ 신앙이란 어떤 대상에 대한 절대적인 믿음이 곧 신앙입니다.

August | 31

목어 木魚

♥ **목요일**, 목어(木魚)란 묵어, 은어, 충미어(충성을 다한다는 아름다운 고기라는 이름은 임진왜란 때 선조의 명을 받아 류성룡이 지었음)로 불리며 도루묵 고기를 말합니다.

★ 사랑의 추억들은 안아야 할 채움이고, 이별의 추억들은 털어야 할 비움입니다.

♣ 미움은 미움으로 멈추어지는 게 아니라, 사랑으로만 멈추게 할 수 있습니다.

9 September | 01
금수의끽일시 錦繡衣喫一時

♥ **금요일**, 금수의끽일시(錦繡衣喫一時)란 빈곤할 때는 값진 보물이라도 밥값에 불과하다는 뜻입니다.

★ 세상에 어떤 사랑도 휴대폰 사랑만 한 사랑은 없습니다.
내 눈에서, 내 손에서, 내 곁에서 떠난 적이 없으니까요.

♣ 루즈벨트 대통령은 1904년 젊은 장교와 권투시합을 하다가 왼쪽 눈을 실명했고, 링컨은 14세 때 키가 193cm였습니다.

♥ 감사합니다. ♥ 고맙습니다. ♥ 사랑합니다.

9 September | 02

토사 土麝

♥ **토요일**, 토사(土麝)란 궁노루의 다른 이름입니다.

★ 인도주의자로 세계 역사의 획을 그은 조지 워싱턴 대통령, 토머스 제퍼슨, 존 칼뱅, 아리스토텔레스, 마틴 루터 킹, 토마스 아퀴나스 등은 모두 노예를 가지고 있었습니다.

♣ 웃음은 마음의 조깅입니다. 밤, 낮으로 마음 조깅합시다.

September | 03
일월영측 日月盈仄

♥ **일요일**, 일월영측(日月盈仄)이란 해도 차면 기울고, 달도 차면 점차 진다는 뜻입니다.

★ 여자의 가장 큰 낭비는 아름다운 여자가 화장하는 것이고, 갑돌이와 갑순이가 결혼하지 못한 이유는, '갑씨' 즉, 동성동본이라서 결혼하지 못했습니다.

♣ (생각을 뒤집기)
해외여행 좋아하지 마십시오.
외국인들 한국 와서 해외여행 왔다 하고,
외제차 좋아하지 마십시오.
외국에서 한국 차를 외제차라 합니다.

9 September | 04

월년잠종 越年蠶種

♥ **월요일**, 월년잠종(越年蠶種)이란 일정한 기간 동안 일정한 온도에 있어야 부화되는 누에(蠶) 씨를 말합니다.

★ 우리나라에서 최초로 사용되었던 중국 전국시대의 화폐는 칼 모양인 명도전이며, 중국 최초의 동전은 진시황이 만든 반량전입니다.

♣ 명품 인간관계를 위해서 3비(三非 : 비난, 비판, 비아냥)는 절대 금물입니다.

9 September | 05
화촉지전 華燭之典

♥ **화요일**, 화촉지전(華燭之典)이란 화촉을 밝히는 의식을 말합니다.

★ 우리나라 정상적인 화폐 통용은 조선 시대 '상평통보'입니다. 동전 가운데 사각형 모양의 구멍은 천원지방(天圓地方) 즉 땅은 네모고 하늘은 둥글다는 뜻입니다.

♣ 모든 생명체는 열심히 짝짓기를 해야 합니다. 짝짓기를 포기하는 것은, 신(神)에 대한 반역이니까요.
(아침저녁으로 열심히 짝짓기 합시다. ㅋㅋ)

9 September | 06
수우적강남 隨友適江南

💛 수요일, 수우적강남(隨友適江南)이란 친구 따라 강남 간다는 뜻입니다.

★ 1910년 12월 1일 일제는 1원권을 발행하면서 종래의 환을 일제의 화폐 단위인 원(圓)으로 바꾸었고, 1953년 2월 14일 이승만정권이 화폐개혁을 하면서 원(圓)을 다시 환으로 바꿨습니다.

♣ 세상은 의심으로 관찰하지 않으면 발전이 없습니다. 위대한 창조도 의심에서 시작 되었으니까요.

September | 07
목단어자견 目短於自見

♥ **목요일**, 목단어자견(目短於自見)이란 눈은 물건을 잘 보지만, 자신의 행동은 잘 보지 못 한다는 뜻입니다.

★ 초기 이승만 대통령 초상화가 지폐 한가운데 자리 잡고 있었지만, 얼굴이 반으로 접히면 국운이 기운다는 아첨꾼들의 세치 혓바닥에 이승만은 물론 우리나라 지폐에 나오는 인물들 모두가 지폐 우측에 등장하게 되었습니다.
그러나 미국 달러에 나오는 인물들은 모두 지폐 한가운데 자리하고 있답니다.

♣ 식사 선택은 한 끼를 좌우하지만, 사랑의 선택은 평생을 좌우합니다.

9 September | 08
금고일반 今古一般

♥ **금요일**, 금고일반(今古一般)이란 과거나 지금이나 변함이 없다는 뜻입니다.

★ 인간이 가장 만지고 싶고, 가장 갖고 싶은 종이가 돈 아니겠습니까?
우리나라 10원짜리 동전에는 불국사 다보탑이 새겨져 있습니다. 탑기단의 모퉁이에는 돌사자가 한 마리씩 배치되어 있었으나, 일제 침략기에 세 마리는 없어졌습니다. 지금은 한 마리만 남아 계단 위에서 탑신의 입구를 지키고 있습니다. 그런데 이것마저 입이 뭉개져 있다니 참으로 안타까운 일이 아닐 수 없습니다.

♣ 매미는 구걸하기보다 차라리 노래하다 죽을지언정 후회하지 않는 삶을 삽니다.

September | 09

토옥 土沃

♥ **토요일**, 토옥(土沃)이란 땅이 기름지다는 것입니다.

★ 100원짜리에 성웅 이순신 장군을 삽입한 것은, 당시 국민들이 천 원짜리, 만 원짜리보다 백 원짜리를 더 많이 애용하였기 때문입니다.

♣ 성공은 마법도 신비도 아닙니다. 성공은 기본 원칙을 버리지 않고 지속적으로 기울인 노력의 결과물입니다.

9 September | 10

일엽소선 一葉小船

♥ **일요일**, 일엽소선(一葉小船)이란 물 위에 떠 있는 하나의 나뭇잎 같은 작은 배라는 뜻입니다.

★ 500원짜리 주화의 학(鶴)은 국민들의 무병장수와 건강을 기원하기 위함입니다.

♣ 사마천이 쓴 사기(史記)는 인간의 비극적 삶과 죽음에 관한 기록이라 하여도 과언은 아닙니다. 사기가 독자들에게 던지고 싶은 화두는 행복하게 살려면 되도록 권력을 멀리하여야 한다는 의미를 담고 있습니다.

9 September | 11
월광독서 月光讀書

♥ **월요일**, 월광독서(月光讀書)란 달빛으로 책을 읽는다는 뜻입니다.

★ 1,000원짜리 지폐 속에 등장하는 퇴계 이황은, 조선 최고의 석학이었습니다. 그림 속의 집은 도산서원이 아니라, 당대 최고의 대학 성균관 내 명륜당이며, 지폐 속 공부하는 선비는 바로 퇴계 이황입니다. 그리고 지폐 속 매화는 퇴계가 사랑했던 여인 두향이가 선물한 것입니다.

♣ 대통령이란 단어는 1881년 7월 2일 미국 프레지던(president) 가필드가 총격을 당하자, 일본 언론이 이를 대통령으로 표현하였습니다. 당시 신사 유람단의 일원 이였던 이헌영이 작성한 『일사집략』에서 처음 사용된 말입니다. 결국 대통령이란 말은 일본에서 수입된 단어입니다.

September | 12
화광충천 火光衝天

♥ **화요일**, 화광충천(火光衝天)이란 불빛이 맹렬하여 하늘을 찌른다는 뜻입니다.

★ 5000원짜리 지폐를 처음 만들 시 위조지폐 방지를 위해 영국에 의뢰하였는데 율곡의 모습이 서양인을 닮아 일명 '영국인 율곡'이라는 별칭이 붙자, 정부에서는 이종상 화백에게 다시 율곡을 그리게 하였습니다. 지폐 속 초충도(草蟲圖)는 율곡의 어머니 신사임당의 그림이며, 화폐 속 대나무는 오죽헌(보물 제 165호)의 오죽(烏竹)입니다.

♣ 비교(比較)와 친하지 마십시오.
그와 함께 있는 한 행복은 오지 않습니다.

September | 13

수상수하 手上手下

💛 **수요일**, 수상수하(手上手下)란 손윗사람과 손아랫사람이란 뜻입니다.

★ 10,000원짜리 지폐를 만들 당시 불국사 석굴암 본존불을 넣으려고 하였으나, 타 종교의 강력한 반발로 인해 세종대왕을 선택하였습니다.

지폐 앞면의 일월오봉도는 왕권 상징과 백성들의 태평성대를 염원한 것이고, 뒷면의 혼천의는 천민 장영실이 만든 당대 최고의 천문 측정기이며, 옆  의 광학망원경은 현재 영천 보현산 천문대에 있는 최고의 천체 망원경입니다. 즉 15세기 우주를 바라본 혼천의와 21세기 천체를 관찰하는 광학망원경이 함께 공존하고 있는 것입니다.

♣ 마음의 상처를 치유하는 것은 시간이 아니라 사랑입니다.

9 September | 14

목혼식 木婚式

♥ **목요일**, 목혼식(木婚式)이란 서양 풍속에서 결혼 5주년을 말합니다.

★ 가장 큰 고액권 50,000원의 모델은 조선시대의 대표적인 여류 문인이자 화가인 신사임당이며, 신사임당이 그린 지폐 앞면 초충도는 당시 숙종 임금이 감탄하여 시 한 수를 받칠 정도였습니다. 초충도를 햇볕에 말리려고 세워 두었을 때, 닭이 그림 속 벌레가 살아 움직이는 줄 알고 그림을 쪼았다는 일화도 있습니다. 오천 원 지폐 율곡과 오만 원 지폐 신사임당(율곡의 어머니) 모두 이종상 화백이 그렸습니다.

♣ 성공은 목표라는 뿌리에 인내라는 줄기를 거쳐 열정이란 잎사귀가 피어날 때 성공이란 열매를 맺습니다.

9 September | 15
금보리견시 錦褓裏犬屎

♥ **금요일**, 금보리견시(錦褓裏犬屎)란 비단보에 개똥이라는 뜻으로 겉은 화려하나 속은 그렇지 않다는 것을 의미합니다.

★ 독서는 책과 대화하는 것이며, 좋은 책은 그 자체가 기적입니다. 「사기(史記)」를 읽을 때 이천년을 단숨에 건너뛰어 사마천의 숨결을 느꼈고, 「대위의 딸」을 읽으면서 시인 푸시킨의 자유를 향한 목마름을 나누었습니다. 이것이 기적이 아니고 무엇입니까.

♣ 세상에 나쁜 경험은 없습니다.
딛고 일어서는 사람에게는 모든 것이 좋은 경험입니다.

September | 16
토주 討酒

♥ **토요일**, 토주(討酒)란 술을 강제로 마시게 한다는 뜻입니다.

★ 사람은
　믿음과 함께 젊어지고, 불신과 함께 늙어가며,
　자신감과 함께 젊어지고, 두려움과 함께 늙어가며,
　희망과 함께 젊어지고, 절망과 함께 늙어갑니다.

♣ 어제와 똑같이 살면서 다른 미래를 기대하는 것은 정신병 초기 증세입니다.

September | 17

일패도지 一敗塗地

♥ **일요일**, 일패도지(一敗塗地)란 한 번 싸우다가 여지없이 패하여 다시 일어나지 못함을 뜻합니다.

★ 인안천비(人安天肥)란 인간들이 평안하면 하느님도 살찐다는 뜻입니다. (태평성대)

♣ 똑같은 펜이지만 낙서장에 쓰면 낙서가 되고, 일기장에 쓰면 일기가 되고, 원고지에 쓰면 대본이 됩니다.
(어떻게 개척해 나가느냐에 따라 인생이 달라집니다.)

9 September | 18

월륜 月輪

♥ **월요일**, 월륜(月輪)이란 둥근 모양의 달을 월륜이라 합니다.

★ 베트남 전쟁은 월맹의 침략 전쟁이 아니라, 미국 존슨 대통령이 1964년 8월 4일 북베트남 통킹만에서 미국 구축함 매독스호에 스스로 어뢰 공격을 해놓고, 북베트남이 공격한 것처럼 조작 발표 후 베트남 전쟁을 일으켰습니다.

♣ 당신이 지금 하는 행동이 당신의 미래를 말해줍니다.

September | 19
화홍유록 花紅柳錄

♥ **화요일**, 화홍유록(花紅柳錄)이란 꽃은 붉고 버들나무는 푸르다는 뜻으로 자연 그대로를 이르는 말입니다.

★ 돈과 남자의 비애 1
- 착하고 돈 없는 놈(불쌍하다)
- 성질 더럽고 돈 많은 놈(사업가 기질 있다)
- 똑똑하고 돈 없는 놈(재수 없다)
- 돌 머리에 돈 많은 놈(돈 버는 머리 따로 있다 ㅋㅋ)

♣ 친절은 개인, 가족, 국가 간의 모든 벽을 무너뜨리는 아름다운 빛입니다.

♥ 감사합니다. ♥ 고맙습니다. ♥ 사랑합니다.

9 September | 20

수적촌루 銖積寸累

♥ 수요일, 수적촌루(銖積寸累)란 아주 적은 것이라도 쌓이고 쌓이면 큰 것이 된다는 뜻입니다.

★ 돈과 남자의 비애 2
  - 유식하고 돈 없는 놈(짜증난다)
  - 무식하고 돈 많은 놈(어머 순진하기까지)
  - 검소하고 돈 없는 놈(멍청하다)
  - 집안 좋고 돈 없는 놈(관심 없다)

♣ 노동은 무료함, 부도덕, 가난이라는 3가지 큰 악(惡)을 도망가게 합니다.

9 September | 21
목사 木絲

♥ **목요일**, 목사(木絲)란 무명실의 다른 이름입니다.

★ 돈과 남자의 비애 3
 - 재미있고 돈 없는 놈(재미없다)
 - 왕 내숭 돈 많은 놈(어쩜, 완벽한 내 스타일이야)
 - 주위에 여자 많고 돈 없는 놈(있을 수 없다)
 - 애교 많고 돈 없는 놈(영양가 없다)

♣ 군자가 예절을 모르면 역적이 되고, 소인배가 예절을 모르면 도적과 다를 바 없습니다.

September | 22

금불여고 今不如古

♥ 금요일, 금불여고(今不如古)란 지금이 옛날보다 못하다는 뜻입니다.

★ 비교는 상대와 자신 모두에게 상처를 줍니다. 비교할 비(比)자는 비수 비(匕) 즉 날카로운 칼 두개가 합쳐진 것 입니다. 특히 비교하기 좋아하는 사람은 매일 눈을 뜨자마자 한 개의 칼로는 타인을 겨누고, 다른 한 개의 칼로는 자신에게 상처를 입힙니다.

♣ 땀을 흘리는 곳에서는 언제 어디서든 재산이란 나무가 자라납니다.

September | 23

토머스 제퍼슨

♥ **토요일**, 토머스 제퍼슨은 "나는 내가 더 노력할수록 운이 좋아진다는 걸 알게 되었다"라는 말을 남겼습니다.

★ 셰익스피어는 「헨리 6세」에서 잔 다르크를 파렴치한 마녀로 표현하였습니다. 1431년 5월 30일 잔 다르크에게 화형을 언도하자 그녀는 "나는 임신 중이다. 내 배 속에 있는 어린아이를 죽이지 말라"고 외쳤고, 알고 보니 그는 샤를 7세의 정부였다고 기록하고 있습니다.

♣ 틈새는 북한 말로 여자의 성기를 틈새라 합니다.

> 나는
> 내가 더
> 노력할수록
> 운이 더
> 좋아진다는걸
> 발견했다
>
> -토머스 제퍼슨

September | 24
일자불식 一字不識

♥ **일요일**, 일자불식(一字不識)이란 글자 한 자도 모른다는 뜻입니다.

★ 중국은 진시황제부터 1911년 청나라 마지막 황제 부의(溥儀)까지 2100년 동안 335명 황제의 평균수명은 고작 41세였고, 고려 임금 34명 평균수명은 42세였습니다. 고려 귀족들 평균수명은 39세, 이씨조선 27명 임금 평균수명은 37세였습니다.
(女色病을 조심하십시오, 닭도 30년 사는데)

♣ 행복은 향수와 같아서 자신에게 먼저 뿌리지 않고서는 남에게 향기를 줄 수 없답니다.

9 September | 25

월선 月膳

♥ **월요일**, 월선(月膳)이란 궁중용 반찬거리로 매달 1일과 15일에 바치던 물품을 말합니다.

★ 기다림은 몸이 가만히 있어도 마음만큼은 미래를 향해 뜀박질하는 것입니다. 희망이라는 재료를 통해 시간의 공백을 하나하나 메워나가는 과정이 기다림입니다. 기다려야 만날 수 있습니다.

♣ 여자는 칭찬 받으면 여왕이 되고, 남자는 칭찬 받으면 어린애가 됩니다.

9 September | 26

화우동산 花雨東山

♥ **화요일**, 화우동산(花雨東山)이란 꽃잎이 비 오듯이 떨어져 날린다는 뜻입니다.

★ 밥은 죽지 않을 정도로 먹으면 되고, 옷은 살이 보이지 않을 정도로 입으면 되지만 공부는 밤을 새워서 해야 합니다.

♣ 항구에 머물 때 배는 언제나 안전합니다. 그러나 그것은 배의 존재 이유가 아닙니다.

9 September | 27
수절사의 守節死義

💛 수요일, 수절사의(守節死義)란 절개를 지키다 의롭게 죽는다는 뜻입니다.

★ 각박하고 힘든 삶에 힘이 되어주는 말
  - 한 글자(꿈)
  - 두 글자(희망)
  - 세 글자(가능성)
  - 네 글자(할 수 있어)

♣ 잘난 사람보다는 진실한 사람이 되어야 합니다. 잘난 사람은 피하고 싶지만, 진실한 사람은 늘 함께하고 싶으니까요.

9 September | 28
목록의회 目錄議會

♥ **목요일**, 목록의회(目錄議會)란 나쁜 책을 몰아내려고 토의와 결정을 하는 교황청의 한 의회(議會)를 말합니다.

★ 강원도 화전민의 5대 외동아들로 태어나 겨우 초등학교를 졸업하고 비렁뱅이로 살다가 대우중공업 창원공장 청소부로 입사하여 열심히 노력한 결과, 어깨너머로 배운 기술로 국가 품질 명장이 된 사람이 바로 김규환 국회의원입니다. 그의 가훈은 '목숨 걸고 노력하면 안 되는 것이 없다' 입니다.

♣ 건강할 때 사랑도 있고 행복도 있습니다. 무조건 건강해야 합니다.

9 September | 29

금오옥토 金烏玉兔

♥ **금요일**, 금오옥토(金烏玉兔)란 금 까마귀와 옥토끼란 뜻으로 해와 달을 가리키는 말입니다.

★ 피할 수 없으면 즐기고, 가질 수 없으면 잊고,
내 것이 아니면 버리십시오.
하고 싶은 일 한 가지를 위해 하기 싫은 일 열 가지를 하며 사는 것이 인생이니까요.

♣ 내 비장의 마지막 무기는 아직 손안에 있습니다. 그것은 바로 희망입니다.
- 나폴레옹 -

9 September | 30

토분 土盆

♥ **토요일**, 토분(土盆)이란 소금을 굽는 데 쓰는 질가마를 말합니다.

★ 신부의 부케는 순간일 수 있지만, 그들의 사진 속의 꽃다발은 영원히 기록됩니다. 그래서 대를 넘어 아름다운 작품이 곧 부케입니다.

♣ 재물을 스스로 모으지 않는 사람은 쓸 권리가 없듯이, 행복 또한 가꾸지 않는 사람은 누릴 권리가 없습니다.

10 October | 01
일불가급 日不暇給

♥ **일요일**, 일불가급(日不暇給)이란 날마다 바빠서 시간이 없다는 뜻입니다.

★ 등산(登山)은 산을 오르는 것이 아니라, 산에서 내려와야 등산이 완성됩니다. 등산을 했는데 하산(下山)하지 않으면 그것은 실종이니까요.

♣ 빛은 어둠 속에서 광채를 내뿜고, 말은 침묵 속에서 가치를 더하며, 사랑은 그리움 속에서 더욱더 애틋해집니다.

10 October | 02

월하침삼경 月下沈三更

♥ **월요일**, 월하침삼경(月下沈三更) 달은 기울어 삼경인데, 양인심양인지(兩人心兩人知), 두 사람의 마음이야 그들만 알겠지.

★ 좋은 말은 자신을 위하는 기도이며, 덕담은 좋은 관계를 만드는 밧줄입니다.

♣ 지혜(智慧)의 씨앗은 역경과 시련을 극복하는 과정에서 생겨납니다.

10 October | 03

화화 花火

♥ **화요일**, 화화(花火)란 이글이글 타오르는 불이란 뜻으로, 축하하는 의미로 총포를 쏘아 올리는 불꽃을 말합니다.

★ 덕(德)은 질투를 이깁니다.

♣ 길을 가다가 바위가 가로막으면 바위를 깨부수고 전진하라.
(손정의 한 번뿐인 인생을 사는 법)

10 October | 04
수은망극 受恩罔極

♥ 수요일, 수은망극(受恩罔極)이란 은혜가 너무 크다는 뜻입니다.

★ 맞아봐야 맞는 법과 피하는 법을 알듯이, 실패해 봐야 성공하는 방법을 알게 됩니다. 그리고 실패는 성공으로 가는 한 과정에 불과할 뿐 실패를 두려워하지 마십시오.

♣ 성공하고 싶다면 돈보다 시간에 인색해야 하고, 돈을 따르지 말고 가치를 따라야 합니다.

10 October | 05
목사 目四

♥ **목요일**, 목사(目四)란 안경 낀 사람 즉, 눈이 네 개란 뜻입니다.

★ 좋은 글을 많이 읽고, 좋은 말을 많이 해야 합니다. 좋은 글과 좋은 말은 비록 몸이 늙더라도 영혼은 청춘으로 거듭나게 하니까요.

♣ 여자는 자랑할 일이 생기면 친구를 찾아가고, 남자는 괴로운 일이 생기면 친구를 찾아갑니다.

10 October | 06
금사화 禁蛇花

♥ 금요일, 금사화(禁蛇花)란 뱀이 싫어하는 냄새를 풍겨 뱀이 접근하지 못하도록 붙여진 이름이 금사화 즉 봉숭아의 또 다른 이름입니다.

★ 김구 선생 호가 백범(白凡)인 이유는 백정(白丁)이나 범부(凡夫)들도 애국심이 내 정도는 되어야 대한민국이 완전한 독립을 이룰 수 있다는 뜻에서 백범이라 하였습니다.

♣ 세상은 노력하는 만큼 잘 살게 되고, 세상은 사랑하는 만큼 아름다워집니다.

10 October | 07

토선 土蘚

♥ **토요일**, 토선(土蘚)이란 땅 위에 돋아난 이끼를 말합니다.

★ 얼굴 못생긴 건 성격으로 얼마든지 가릴 수 있지만,
마음 더러운 건 무엇으로도 가릴 수 없습니다.
마음이 더러운데 인생인들 깨끗할 수 있겠습니까?
그래서 공부 중 가장 큰 공부가 마음공부입니다.

♣ 일 년에 인간들이 소비하는 깡통은 4백8십억 개, 병은 2백6십억 개,
자동차는 7천만 대라고 합니다.

10 October | 08
일이관지 一以貫之

♥ **일요일**, 일이관지(一以貫之)란 처음부터 끝까지 변하지 않음을 뜻합니다.

★ 이혼 수속 시간

미국 켈리포니아 8개월, 네바다주 24시간, 도미니카 공화국 12시간, 이집트 5분이라는 전례가 있습니다. (남편이 아내에게 "나는 당신과 이혼한다"고, 세 번 외치면 이혼 수속이 이루어진다고 합니다. 그러나 이혼율은 미국보다 낮답니다)

♣ 인생은 곱셈입니다. 아무리 찬스가 와도 내가 행동하지 않으면 제로(0)이자 모든 것이 빵(0)이니까요.

10 October | 09

월단 月旦

♥ **월요일**, 월단(月旦)이란 매달 초하룻날을 말합니다.

★ 누군가에게 관심을 가질 때는 꾸준히 가지십시오.
일회성 관심은 무관심보다 서글픕니다.
왜냐하면 잠깐 신경 쓰다가 이내 무관심한 것은 날카로운 상처만 남기니까요.

♣ 칭찬을 좋아하는 자는 유혹도 좋아합니다. 그러나 칭찬은 배워야 할 예술입니다.

10 October | 10
화안시 和顔施

♥ **화요일**, 화안시(和顔施)란 자비로운 얼굴을 일컫는 말로서, 불교에서 7보시 중 안시(顔施)를 말합니다.

★ 웃기는 부산시 지명 1
  - 부산에서 예쁜 여자만 사는 곳(부산진)
  - 부산에서 가장 편안한 곳(안락)

♣ 생일이 있는 글자는 세상에서 오직 한글뿐입니다. 그래서 한글은 세계에서 가장 위대한 글자랍니다. (한글 생일 10월 9일)

수절원사 守節寃死

♥ 수요일, 수절원사(守節寃死)란 절개를 지키다 원통하게 죽은 사람을 말합니다.

★ 웃기는 부산시 지명 2
  - 부산에서 멋진 남자들이 사는 곳(미남)
  - 부산에서 가장 위험한 곳(감전)
  - 부산에서 가장 추운 곳(영도)

♣ 문학(文學)이란 영혼의 사상이자, 다음 시대에 이익을 배당하는 천재(天才)의 투자입니다.

10 October | 12
목견 目見

♥ **목요일**, 목견(目見)이란 사건을 직접 눈으로 본 것을 말합니다.

★ 웃기는 부산시 지명 3
  - 부산서 취업하면 바로 잘리는 곳(사직)
  - 부산에서 무조건 진급 안 되는 곳(좌천)
  - 부산에서 남자들에게 용기와 자긍심을 심어 주는 곳(서면 ㅋㅋ)

♣ 일찍 일어나는 새가 더 피곤하답니다.

10 October | 13

금전옥루 金殿玉樓

♥ 금요일, 금전옥루(金殿玉樓)란 궁전이 휘황찬란하다는 뜻입니다.

★ 웃기는 부산시 지명 4
  - 부산에서 가장 따뜻한 곳(온천)
  - 부산에서 매일 결혼 하는 곳(주례)
  - 부산에서 불임 여성도 임신하는 곳(수정)

♣ 불의는 참아도 불이익은 못 참는 것이 요즘 인간들이라 하니(세상 참)

10 October | 14
토연 土燻

♥ **토요일**, 토연(土燻)이란 토사(土砂)가 날리어 뽀얗게 연기처럼 보이는 것을 말합니다.

★ 웃기는 부산시 지명 5
  - 부산에서 항상 다치거나 죽는 곳(사상)
  - 부산에서 냄새가 고약한 곳(대변)
  - 부산에서 화투치면 광을 가장 많이 파는 곳(일광)

♣ 잘려면 자고, 놀려면 놀아라.
신나게 놀다보면 서울대는 널 버려도 서울역은 널 받아 주니까. (노숙자로)

일간두옥 一間斗屋

♥ **일요일**, 일간두옥(一間斗屋)이란 한 칸 정도밖에 안 되는 작은 집을 말합니다.

★ 눈물은 몸 안에 있는 스트레스를 몸 밖으로 밀어내는 힘을 가지고 있습니다. 스트레스 해소를 위해서 울고 싶을 때 마음껏 우십시오.

♣ 결혼은 남자에게 분명한 숏 골입니다.
무슨 골? 자살골!

October | 16

월영 月影

♥ **월요일**, 월영(月影)이란 달그림자를 말합니다.

★ 한 잔 술은 때론 재판관의 판결보다 더 빨리 분쟁을 해결해 줍니다.

♣ 여자(특히 아내)와 말싸움에서는 무조건 져주어야 합니다. 여자에게 말로써 이길 수도 없지만 혹, 이기더라도 소탐대실(小貪大失)이 되니까요.

10 October | 17
화방작첩 花房作妾

♥ **화요일**, 화방작첩(花房作妾)이란 기생(妓生)을 첩으로 삼는 것을 말합니다.

★ 우리 인생(태어날 때)의 시작은 울음으로부터 시작되었습니다. 그러므로 울음(고난, 역경)이 웃음보다 더 값진 것이 아닐까요?

♣ 내 욕을 하고 다니는 인간이 있다면 그냥 무시하십시오. 반응하면 좋다고 동네 미친개마냥 더 짖어 대니까요.

10 October | 18

수왈불가 誰曰不可

💛 **수요일**, 수왈불가(誰曰不可)란 말할 사람이 한 사람도 없다는 것입니다.

★ 인간의 삶은 일회용입니다. 한 번 지나고 나면 영원히 지구에서 소멸되고 맙니다. 그러니 오늘을 뜻있게 즐기십시오. 내일은 없습니다.

♣ 마음을 늙게 하고, 육신을 병들게 하며, 정신을 파멸시키는 것은 게으름과 자포자기랍니다.
(건강한 정신과 건강한 육체를 위해서 밝은 마음과 근면 성실을 생활화합시다)

10 October | 19
목지국 目支國

♥ **목요일**, 목지국(目支國)은 삼한 중 하나인 마한을 이끌던 나라로, 현재 충남 직산 부근에 있었습니다. 그러나 고대 국가 단계까지는 발전하지 못하고 백제의 고이왕에게 점령당했습니다.

★ 돈으로 행복은 살 수 없지만, 티코에 앉아 우는 여자보다는 벤츠에 앉아 우는 여자가 더 행복해 보이니 ~ 헐 헐

♣ 사랑은 무엇보다도 자신을 위하는 선물입니다. 열심히 사랑하십시오.

10 October | 20
금성 金城

♥ 금요일, 금성(金城)이란 굳고 단단한 성 즉 견고한 성을 말합니다.

★ 오르지 못할 나무는 쳐다보지 말라는 위험한 속담이 있습니다. 이것은 우리나라 속담이 아니라 일본인들이 우리 민족에게 희망을 꺾기 위해 만든 저주의 말입니다. 그러니 못 올라갈 나무가 있다면 사다리 놓고 올라가면 되고, 그것도 안 될시 전기톱으로 베면 됩니다. (된다는 희망을 항상 가슴 속에 간직합시다.)

♣ 이웃 사람을 사랑할지언정 이웃 일에는 간섭하지 않는 것이 현명한 자입니다.

10 October | 21
토밀 土蜜

♥ **토요일**, 토밀(土蜜)이란 벌이 땅속에 모아 둔 꿀을 말합니다.

★ 때(기회)를 놓치면 때가 낍니다.
사랑해야 할 때 사랑하지 않으면 인생의 후회라는 때가 끼고,
나누어야 할 때 나누지 않으면 탐욕의 때가 낍니다.

♣ 빚을 갚지 못한 사람이 신용불량자가 아니라, 진정한 신용불량자는 자기 경영에 실패한 사람입니다.

♥ 감사합니다. ♥ 고맙습니다. ♥ 사랑합니다.

10 October | 22

일언반구 一言半句

♥ **일요일**, 일언반구(一言半句)란 극히 짧은 말 또는 짧은글을 뜻합니다.

★ 나보다 느리게 운전하는 인간은 전부 멍청한 인간이고, 나보다 빨리 운전하는 인간은 모두 미친놈이라 생각하는 세상이니, 어찌 하오리까.

♣ 마음은 내 인생을 만들어 내는 창조주이자, 모든 것을 이루게 하는 통로입니다. 또한 인생을 붉게 물들이는 아름다움이 바로 마음이랍니다. (인생은 마음 먹기에 달렸으니까요)

월형 月刑

♥ **월요일**, 월형(月刑)이란 중국에서 죄인의 발꿈치를 베던 형벌을 말합니다.

★ 행복한 가정 만들기 1
- 가족 간의 비난이 없어야 합니다.
  (가족 간의 비난은 난파선에 밑창을 뚫는 것과 같습니다.)
- 가족 간의 욕설이 없어야 합니다.
  (가족 간의 욕설은 다 된 밥에 오물을 뿌리는 것과 같습니다.)

♣ 우리가 남이냐고 말하는 인간치고, 위급할 때 곁에 있었던 적이 한 번도 없는 걸 보면 그 인간은 확실히 남이었습니다.

10 October | 24
화조 花鳥

♥ **화요일**, 화조(花鳥)란 꽃을 찾아다니는 새라는 뜻으로, 바람둥이를 일컫는 말입니다.

★ **행복한 가정 만들기 2**
 - 가족 간의 원망이 없어야 합니다.
   (가족 간의 원망은 잘 끓인 국에다 모래를 뿌리는 것과 같습니다.)
 - 가족 간의 속임수가 없어야 합니다.
   (가족 간의 속임수를 쓰는 것은 자라는 나무에 제초제 뿌리는 꼴입니다.)

♣ 어려운 길은 길이 아니라 곤욕입니다. 그래도 가야합니다.
왜냐하면 이 세상 어디를 보아도 기회는 어려움 속에서 나오니까요.

10 October | 25
수구지가 數口之家

💛 수요일, 수구지가(數口之家)란 식구가 몇 안 되는 집안을 말합니다.

★ 행복한 가정 만들기 3
- 가족 간의 폭력이 없어야 합니다.
  (가족 간의 폭력은 가정을 파괴시키는 시한폭탄입니다)
- 가족 간의 시기질투가 없어야 합니다.
  (가족 간의 시기질투는 정지 신호등을 무시하고 달리는 불법 자동차이니까요.)

♣ 여자는 기다리다 기다리다 찾아 나서고, 남자는 방황하다 방황하다 정착합니다.

10 October | 26

목하 目下

♥ **목요일**, 목하(目下)란 바로 지금 곧 이란 뜻입니다.

★ 행복한 가정 만들기 4
 - 가족 간의 편견이 없어야 합니다.
  (가족 간의 편견은 가정을 파괴시키는 파괴주범입니다.)
 - 가족 간의 고집이 없어야 합니다.
  (가족 간의 고집은 행복을 쫓아내고 불행을 불러들이는 행위니까요.)

♣ 고민은 어떤 일을 시작해서 생기는 것이 아니라, 할까 말까 망설이는 데서 더 많이 생깁니다.

금여 金輿

♥ 금요일, 금여(金輿)란 임금이 타는 수레를 말합니다.

★ 행복한 가정 만들기 5
- 가족 간의 비밀이 없어야 합니다.
 (가족 간의 비밀은 음주운전하는 것과 같습니다.)
- 가족 간의 계산이 없어야 합니다.
 (가족 간의 계산은 아름답게 붙여 놓은 도배지에 낙서하는 것과 동일하니까요.)

♣ 목표 없이 사는 30살 청년보다, 열심히 일하는 70살 노인이 더 청춘입니다.

♥ 감사합니다. ♥ 고맙습니다. ♥ 사랑합니다.

10 October | 28

토지소산 土地所産

♥ **토요일**, 토지소산(土地所産)이란 어떤 지방에서 생산되는 특산품을 말합니다.

★ 마음은 행복이 깃드는 성전(聖展)입니다. 그러니 집안 청소만 하지 말고 마음도 매일매일 청소합시다.

♣ 바람도 담아두면 생각을 흔들 때가 있고, 햇살도 담아두면 심장을 태울 때가 있습니다. 건강한 삶을 위해 마음에 담아두지 말고 항상 비워야 합니다.

일목난지 一木難支

♥ **일요일**, 일목난지(一木難支)란 이미 기울어지는 대세를 혼자서 감당할 수 없음을 비유한 말입니다.

★ 멈춰 서지 마십시오. 멈추면 사람은 늙기 전에 먼저 녹슬어 버립니다.

♣ 매일 24시간은 인생의 식량입니다.
그 속에서 건강을, 즐거움을, 행복을, 그리고 불멸의 영혼을 발전시키니까요.

♥ 감사합니다. ♥ 고맙습니다. ♥ 사랑합니다.

10 October | 30

월병 月餅

♥ **월요일**, 월병(月餅)이란 중국 사람들이 추석에 만들어 먹는 둥근 밀가루 과자를 말합니다.

★ 가족은 사랑이 있을 때 존재합니다.
진정한 가족은 혈연관계에 사랑을 보태야 하며, 사랑이 없는 가족은 같은 핏줄이 모여 사는 집단에 불과합니다.

♣ 이기는 자가 강한 것이 아니라, 버티는 자가 강한 자입니다.

화불단행 禍不單行

October | 31

♥ **화요일**, 화불단행(禍不單行)이란 재앙(災殃)은 번번이 겹쳐 온다는 뜻입니다.

★ 눈부실 만큼 아름다운 것이 언제나 좋은 것은 아닙니다. 그러나 좋은 것은 언제나 아름답습니다.

♣ 신뢰는 사람과 사람 사이를 잇는 생명줄입니다. 이 생명줄이 끊어지면 살아 있어도 죽은 목숨입니다.

11 November | 01
수월경화 水月鏡花

💛 수요일, 수월경화(水月鏡花)란 물에 비친 달과 거울에 비친 꽃이란 뜻으로, 볼 수는 있어도 잡을 수 없는 것을 비유하는 말입니다.

★ 사랑할 때가 가장 외롭습니다. 더 많은 사랑을 갈구하는 욕심 때문이랍니다.

♣ 버릴 줄 모르면 죽습니다. 들어 마신 숨 내뱉지 않으면 그 순간 바로 죽음이니까요.

11 November | 02

목맥 木麥

♥ **목요일**, 목맥(木麥)이란 메밀의 다른 이름입니다.

★ 눈으로 직접 보아도 진실인지 아닌지 믿기 어려운데, 더군다나 등 뒤에서 남 말하는 것을 어찌 믿을 수 있겠습니까?

♣ 구두쇠처럼 시간을 관리하는 사람이 세상을 움직입니다.
(시간 관리에 구두쇠가 됩시다)

11 November | 03

금은지국 金銀之國

♥ **금요일**, 금은지국(金銀之國)이란 금, 은처럼 빛나는 나라라는 뜻으로 대한민국의 아칭입니다. 일본서기(日本書紀)에 실려 있습니다.

★ 조금 늦는다고 속상해 하지 마십시오. 살아가면서 중요한 것은 속도가 아니라 방향이니까요.

♣ 같은 실수는 두려워하되, 새로운 실수는 두려워하지 마십시오. 실수는 곧 경험입니다.

November | 04
토막민 土幕民

♥ **토요일**, 토막민(土幕民)이란 1920년 초부터 한반도에 살았던 일종의 도시빈민을 말합니다.

★ 메모하는 행동은 최강의 성공 도구입니다. 상대에게 신뢰를 주고 또한 아이디어를 동결 건조시켜 보존해 주는 동결 보존키이니까요.

♣ 어떤 사건이 발생하면 문제점을 찾지 말고, 해결책을 찾으면 됩니다.

November | 05

일립지곡필분이식 一粒之穀必分而食

♥ **일요일**, 일립지곡필분이식(一粒之穀必分而食)이란 한 알의 곡식이라도 반드시 나누어 먹어야 한다는 뜻입니다.

★ 사랑이란, 돈으로 살 수 없는 보물입니다. 사랑이라는 보물을 얻기 위해서는 반드시 사랑을 함께 나누어야 합니다.

♣ 자식에게 단 하나의 선물을 준다면, 열정이라는 선물을 주겠습니다.

11 November | 06
월침 月沈

♥ **월요일**, 월침(月沈)이란 흐릿하고 밝지 않은 달빛을 말합니다.

★ 술과 사랑 1

술과 사랑은 잘하면 명약이요, 잘못하면 독약입니다.
- 술을 마시면 육체를 잠재우는 마약이지만, 사랑을 마시면 영혼까지 잠재우는 명약이 됩니다.
- 술에 취하면 간이 배 밖으로 나오지만, 사랑에 취하면 오장육부까지 이불 속으로 숨습니다.
- 술은 나누어 마실 수 있지만, 사랑은 나누어 마시면 칼부림 납니다.

♣ 감사는 계절도 시간도 없습니다. 감사는 어느 곳에서든 캐낼 수 있는 따뜻한 마음의 선물입니다. 그리고 감사는 소유의 크기가 아니라, 생각의 크기이자 믿음의 크기입니다.

11 November | 07

화중은일 花中隱逸

♥ **화요일**, 화중은일(花中隱逸)이란 꽃 가운데 속세(俗世)를 떠나 숨어 있는 꽃이란 뜻으로, 국화(菊花)를 일컫는 말입니다. 그래서 장례식 때 고인에게 국화꽃을 바칩니다.

★ 술과 사랑 2

– 술은 여러 명을 불러 모으길 좋아하지만, 사랑은 한 사람 외에 다른 사람은 불편해 합니다.
– 술을 마시면 용기와 힘이 생기지만, 사랑을 마시면 용기와 힘이 빠집니다.
– 술에 취해 넘어진 상처는 치유할 수 있지만, 사랑에 취해 넘어진 상처는 평생을 갑니다.
– 술에 취하면 해장국으로 치유가 되지만, 사랑에 취하면 의사의 처방도 소용없는 불치의 병이 됩니다.

♣ 인간을 흉하게 늙도록 만드는 5가지 독약(毒藥)은, 불평, 위선, 절망, 악행, 공포입니다. 이 5가지 독약이 많을수록 노년의 얼굴은 흉하게 일그러집니다.
(아름다운 노년을 위해 감사한 마음을 늘 호주머니에 넣고 다닙시다.)

November | 08
수무족도 手舞足跳

💛 수요일, 수무족도(手舞足跳)란 너무 좋아서 어쩔 줄 모른다는 뜻입니다.

★ 술과 사랑 3

- 술은 나누고 베풀며 이해심이 많지만, 사랑은 혼자만 아는 속이 좁은 이기주의입니다.
- 술에 놀아나면 애도 어른도 못 알아보지만, 사랑에 놀아나면 물도 불도 분간하지 못합니다.
- 술을 지나치게 많이 마시면 속이 쓰리지만, 사랑은 지나치게 차고 넘치면 가슴이 아픕니다.
- 술을 적당히 마시면 가정에 대화를 만들지만, 사랑을 아름답게 하면 곧 시인이 됩니다.
- 굶주린 허기를 채우는 것은 술이요, 영혼을 아름답게 살찌우는 것은 사랑입니다.

♣ 사람을 우아하게 늙도록 하는 5가지 묘약은 사랑, 여유, 용서, 감사, 베풂입니다. 연장전 없는 인생을 우아하게 늙도록 노력합시다.

11 November | 09

목례 目禮

♥ **목요일**, 목례(目禮)란 눈인사(人事)를 말합니다.

★ 술과 사랑 4
- 술은 차가울수록 제 맛이 나지만, 사랑은 뜨거울수록 짜릿하고 감미롭습니다.
- 술에 취하면 하루 만에 깨어나지만, 사랑에 취하면 평생 깨어나지 못할 수도 있습니다.
- 술은 주거니 받거니 하면서 허물을 깨지만, 사랑은 주어도 받아도 그리움만 쌓입니다.

♣ 경험이란? 모든 사람의 과실(過失) 즉 잘못한 일에 대하여 붙이는 변명의 이름을 경험이라 합니다.

November | 10

금일지사 今日之事

♥ **금요일**, 금일지사(今日之事)란 오늘의 일을 뜻합니다.

★ 유부녀와 오리 1
- 집에서 살림하는 여자(집오리),
- 돈 더 벌어 오라고 바가지 긁는 여자(탐관오리),
- 직장 다니며 일 이백 버는 여자(청둥오리).

♣ 게으름은 온갖 불행(不幸)의 근원(根源)이자, 살아있는 무덤입니다.

November | 11

토룡 土龍

♥ **토요일**, 토룡(土龍)이란 지렁이의 또 다른 이름입니다.

★ 유부녀와 오리 2
  - 직장에서 연봉 1억 이상 받는 여자(황금오리)
  - 남편 용돈 줘가며 바람피우는 여자(어찌하오리)
  - 남자 애인이 준 용돈으로 살림에 보태는 여자(앗싸~가오리)

♣ 여자는 수다로 남자를 질리게 하고 남자는 침묵으로 여자를 오해하게 합니다.

November | 12

일부토 一扶土

♥ **일요일**, 일부토(一扶土)란 한 줌의 흙이란 뜻으로, 무덤을 일컫는 말입니다.

★ 거울은 잘못된 우리의 겉모습만 비추지 잘못된 마음까지는 비추지 못합니다. 하지만 겸손은 잘못된 마음마저 비춰줍니다. 겸손은 바로 신(神)이 내린 덕(德)이니까요.

♣ 이 세상에서 가장 빛나면서도 가장 망가지기 쉬운 것은 여자의 얼굴과 도자기입니다.

November | 13

월명 月明

♥ **월요일**, 월명(月明)이란 달빛이 밝은 것을 말합니다.

★ 행복하게 사는 사람들은 부지런히 노력하는 노력가들입니다. 그리고 손에 박힌 굳은 살은 피와 땀이 수없이 스치고 지나간 시간의 역사이자, 아름다운 노력의 결정체입니다. 그래서 행복은 부지런한 사람들을 좋아합니다.

♣ 말이 입안에 있을 때는 내가 말을 지배하지만, 입 밖에 나오는 순간 말이 나를 지배합니다. (유대인 속담)

November | 14
화척 禾尺

♥ **화요일**, 화척(禾尺)이란 백정(소를 잡는 일을 하던 사람), 광대(연극, 판소리, 곡예) 그리고 버드나무로 수공업을 하는 천민들을 의미합니다.

★ '시치미 떼다'의 유래는 매의 꽁지에 주인의 인식표를 다는 것을 시치미라 하고, 이것을 떼고 난 뒤 주인이 나타나도 모르는 체하는 것에서 생긴 말이 '시치미 떼다'입니다.

♣ 아름다운 장미가 가시 위에 피듯이, 슬픔 뒤에는 반드시 기쁨이 있습니다.
(슬픔도 즐기면 기쁨으로 승화된다는 사실)

♥ 감사합니다. ♥ 고맙습니다. ♥ 사랑합니다.

11 November | 15

수천일벽 水天一碧

♥ 수요일, 수천일벽(水天一碧)이란 구름 한 점 없어 바다와 하늘이 한결같이 푸르게 보인다는 뜻입니다.

★ '바람 맞는다'의 유래는 매가 꿩을 잡지 못하고 가슴에 바람을 안고 헛 비행하는 모습에서 나온 말이 '바람 맞는다'입니다.

♣ 용서는 가장 고귀(高貴)한 승리(勝利)입니다.
(고귀한 승리자가 되기 위해서 용서하며 삽시다)

11 November | 16
목간 木簡

♥ **목요일**, 목간(木簡)이란 종이가 없던 시절 문서(文書)나 편지(便紙)로 쓰던 나뭇조각을 말합니다.

★ 매몰차다, 매섭다, 옹골차다 말의 유래는 매가 꿩을 잡을 때 날카롭고 빈틈없는 매의 눈 모양에서 유래한 것입니다.

♣ 부지런한 물레방아는 얼 새가 없고, 부지런한 개는 따뜻한 똥을 얻어먹습니다.

November | 17

금석지공 金石之功

♥ 금요일, 금석지공(金石之功)이란 후세(後世)에 남을 만한 훌륭한 공적(功績)을 뜻합니다.

★ 멍청이란 말은 바닷물고기 멍텅구리에서 유래되었습니다. 못 생기고 동작이 느린 이 물고기를 판단력이 떨어지고 옳고 그름을 잘 분별하지 못하는 사람에게 비유하여 부르게 된 말입니다.

♣ 도박은 속임수와 거짓말의 어머니이자, 탐욕과 낭비의 자식입니다.

11 November | 18
토설 吐說

♥ **토요일**, 토설(吐說)이란 숨기고 있던 사실(事實)을 밝히어 말하는 것입니다.

★ 고등어 새끼를(고도리)
  호랑이 새끼를(개호주)
  꿩 새끼를(꺼벙이)
  매 새끼를(초고리)
  돼지 새끼는(돼지 새끼)

♣ 성공의 가장 빠른 지름길은 일을 사랑하는 것입니다.

November | 19

일세지웅 一世之雄

♥ **일요일**, 일세지웅(一世之雄)이란 한 시대에 대적(對敵)할만한 인물이 없을 정도(程度)로 뛰어난 사람을 말합니다.

★ 엿 먹어라의 엿은 남사당 패거리에서 여자의 성기를 뜻하는 은어입니다. 즉 엿 먹어라는 상대방에게 모욕을 주기 위함이랍니다.

♣ 여자는 보기에는 정숙할지라도 대체로 아몬의 샘물과 같습니다. 낮에는 차고 밤에는 뜨겁게 끓어오르니까요.

November | 20

월음 月陰

♥ **월요일**, 월음(月陰)이란 달 그림자를 말합니다.

★ 남편들의 비애
- 집에 두면(근심 덩어리)
- 데리고 다니면(짐 덩어리)
- 마주 앉으면(원수 덩어리)
- 며느리에게 맡기면(구박 덩어리)

♣ 인생은 자전거와 같습니다.
계속 페달을 밟는 한 넘어질 염려는 없으니까요.
(꿈+희망+노력=행복, 행복의 페달을 계속 밟읍시다)

11 November | 21

화안 花顔

♥ **화요일**, 화안(花顔)이란 아름답기가 꽃 같은 얼굴을 말합니다.

★ 용수철(龍鬚鐵)이란 말의 유래는 용(龍)의 수염을 잡아당기면 늘어났다가 놓으면 다시 원래 모양으로 돌아간다는 것에서 유래되었습니다.

♣ 가장 깊은 진리는 가장 깊은 사랑에 의해서만 열리는 열매입니다.

11 November | 22
수색만면 愁色滿面

♥ 수요일, 수색만면(愁色滿面)이란 얼굴에 근심스러운 빛이 가득하다는 뜻입니다.

★ 강아지도 사춘기가 있다고 합니다.
생후 4개월부터 10개월 사이에 사춘기를 겪는데, 이 시기에는 강아지의 활동량과 호기심이 증가하고 독립심이 강해집니다.

♣ 진실은 의심에서 밝혀지고, 진리는 의심에서 탄생합니다.
어둡고 캄캄한 밤이 찬란한 빛을 앞두고 있듯이 말입니다.

11 November | 23

목로 沐露

♥ **목요일**, 목로(沐露)란 이슬에 젖는다는 뜻으로, 모든 일에 고생을 이겨내며 애쓰고 힘쓰는 것을 말합니다.

★ 바보란 유래는 '밥+보'에서 'ㅂ'이 생략되어 바보가 되었습니다. 즉, 아무런 쓸모없이 밥만 축내는 인간을 가리키다가 지금은 어리석고 멍청한 인간이라는 뜻으로 변하였습니다.

♣ 진정한 의사는 유쾌한 마음과 적당한 휴식과 알맞은 음식이라 했습니다. 이 세 가지보다 더 훌륭한 의사는 없답니다.

11 November | 24

금귀 錦歸

♥ 금요일, 금귀(錦歸)란 성공하여 고향으로 돌아간다는 뜻입니다.

★ 계집의 유래는 모계 중심사회에서 집에 계시는 사람이란 뜻으로 사용되었으나, 점차 부계 중심 사회로 바뀌면서 계집 자체가 하대의 뜻으로 쓰이게 되었습니다.

♣ 본능(本能)이란 배우지 않고도 스스로 아는 능력을 말합니다.

♥ 감사합니다. ♥ 고맙습니다. ♥ 사랑합니다.

11 November | 25

토우 土雨

♥ **토요일**, 토우(土雨)란 흙비를 말합니다.

★ 깡패의 유래는 영어의 갱(gang: 강도단)과 한자 패(牌)거리의 합성어로 만들어졌습니다.

♣ 불가능은 노력하지 않는 자의 변명에 불과합니다.

11 November | 26
일할 一割

♥ **일요일**, 일할(一割)이란 말로 표현할 수 없는 직접 체험의 경지를 나타내는 것을 말합니다.

★ 바가지 긁는다의 바가지의 유래는 19세기 우리나라에 쥐통(콜레라)이 창궐할 때 바가지를 문질러 시끄러운 소리를 내면 쥐(콜레라) 귀신이 도망간다는 것에서 유래되었습니다. 듣기 싫은 소리 중 가장 으뜸인 것은 남편을 향한 아내의 잔소리(바가지 긁는 소리) 랍니다.

♣ 곰은 웅담(熊膽)에 죽고, 사람은 혓바닥에 죽습니다. (자나 깨나 입조심)

11 November | 27

월해 越海

♥ **월요일**, 월해(越海)란 바다 건너 외국으로 떠나는 것을 말합니다.

★ 81세는 90살까지 살기를 바라는 나이라는 뜻에서 망구(望九)라 하였고, 할망구란 망구(90세)를 바라는 할머니란 뜻입니다. 88세를 미수(米壽) 90세를 졸수(卒壽) 혹은, 모질(耄耋)이라고 합니다. 모질의 모(耄)자는 늙을로(老) 밑에 털 모(毛)를 씀으로써 몸에 난 털까지도 하나 남김없이 늙어버렸다는 뜻입니다.

♣ 차(車)만 정비하지 말고, 자신의 마음도 정비해야 합니다. 마음의 정비는 삶에 대한 안전운전이니까요.

11 November | 28

화담집 花潭集

♥ **화요일**, 화담집(花潭集)이란 황진이 스승 서경덕의 철학적 논설과 시문집(詩文集)을 말합니다.

★ 마누라는 고려 후기 몽골에서 들여온 말로써, 조선 시대 '대비 마노라', '대전 마노라'처럼 마마와 같이 쓰였던 극존칭어였습니다. 그러다가 조선 후기부터 늙은 부인이나 아내를 가리키는 말로 변천되었습니다.

♣ 늘 감사하는 마음으로 사랑하는 마음으로 살아야합니다. 감사하는 마음과 사랑하는 마음은 기쁨의 상품권이니까요.

11 November | 29

수진지만 守眞志滿

♥ 수요일, 수진지만(守眞志滿)이란 사람의 도리(道理)를 지키면 뜻이 가득하고, 군자(君子)의 도(道)를 지키면 뜻이 편안하다는 것입니다.

★ 원효대사가 말하기를 인간들의 병중에서 가장 무서운 병은 내일로 미루는 습관이라 했습니다. (판사는 미루어 조지고, 검사는 불러 조지고, 순사는 패 조지고, 간수(교도관)는 세어 조지고, 집(재산)은 팔아 조진다는 사회적 이야기)

♣ 이 세상에 태어나는 모든 슬픔의 출처는 사랑에서 시작 됩니다.
온전한 사랑의 모습이 완전히 사라지면 슬픔도 완벽하게 태어나니까요.

November | 30

목석간장 木石肝腸

♥ **목요일**, 목석간장(木石肝腸)이란 나무나 돌처럼 아무런 감정(感情)이 없는 마음씨를 비유한 말입니다.

★ 지랄하다의 유래는 뇌전증 환자들의 발작 증세처럼 야단법석을 떠는 것에서 유래되었습니다.

♣ 여자는 월경에 지배를 받고, 남자는 월급에 지배를 받고, 과부는 월담초에 지배를 받습니다.

November | 01

금야 今夜

♥ 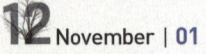, 금야(今夜)란 오늘 밤을 말합니다.

★ 야단법석(野壇法席)의 유래는 불교 대사전에 나오는 말로, 야외에서 부처님 말씀을 듣는다는 뜻입니다. 부처님께서 영취산에서 법화경을 설파할 때, 무려 3백만 명이 모여 시끌벅적한 것에서 유래하였습니다.

♣ 남을 증오하는 마음은 얼굴의 주름살을 만들고, 남을 원망하는 마음은 육신의 독버섯을 만듭니다.

토머스 칼라일

♥ 토요일, 토머스 칼라일 한 마디 "길을 가다가 돌이 나타나면 약자는 그것을 걸림돌이라 하고, 강자는 그것을 디딤돌"이라 한다고 하였습니다.

★ 사이비는 사시이비(似是而非)의 준말로 겉은 비슷하나 본질(本質)은 다른 것을 뜻합니다.

♣ 생활이 궁핍하면 가정이 흔들릴 수 있지만, 돈은 가질수록 목이 마릅니다. 그러니 영혼의 갈증을 일으키는 돈 너무 밝히지 마십시오.(영혼의 건강을 위하여)

December | 03

일조일석 一朝一夕

♥ **일요일**, 일조일석(一朝一夕)이란 하루아침 하루 저녁이란 뜻으로, 아주 짧은 시간을 말합니다.

★ 갈등(葛藤)의 유래는 왼쪽으로 감아 오르는 칡과 오른쪽으로 감아 오르는 등나무가 서로 얽히고 설킨 모습에서 나온 말입니다.

♣ 높은 자리에 있더라도 낮은 자리에 앉으십시오. 자신을 낮출 때 더욱더 빛이 납니다.

12 December | 04

월사 月榭

♥ **월요일**, 월사(月榭)란 달을 구경하는 정자(亭子)를 말합니다.

★ 11월 11일 빼빼로 데이는 1990년대 영남 지역의 한 여중생들이 모여 빼빼로처럼 날씬해지자는 의미로 주고받은 것에서 유래가 되었습니다.
11월 11일은 농업인의 날입니다. 그 이유는 11 즉, 한자로 十(열 십)자와 一(한 일)자가 합쳐지면 土(흙 토)가 됩니다. 1996년에 이르러 흙토가 겹치는 11월 11일을 농업인의 날로 지정하였습니다.

♣ 부자가 병들면 자식들 관심이 집중되고, 없는 자가 병들면 자식들 부담이 가중됩니다.

12 December | 05

화장세계 華藏世界

♥ **화요일**, 화장세계(華藏世界)란 연꽃에서 태어났다는 석가모니 불의 정토(淨土)로 깨끗한 세계를 가리키는 말입니다.

★ 칠칠맞다와 칠칠하다는 채소 따위가 깨끗하게 잘 자랐다는 뜻입니다. 그러니 어설픈 사람들에게 붙이는 정확한 표현은 칠칠맞지 않다. 칠칠치 못하다라고 해야 합니다.

♣ 겉모습이 초라한 건 용서할 수 있지만, 마인드가 초라한 건 용서가 되질 않습니다.

12 December | 06

수사두호 隨事斗護

♥ , 수사두호(隨事斗護)란 모든 일을 일일이 돌보아 준다는 뜻입니다.

★ 젠장할의 유래는 제기 난장(亂杖)의 준말입니다. 난장(亂杖)이란 조선시대 정해진 형량 없이 닥치는 대로 두들겨 패는 형벌을 말합니다.

♣ 황금의 빛은 마음에 어두운 그림자를 만들고, 애욕의 불은 마음에 검은 그을음을 만든다고 했습니다. 밝은 마음을 위해 돈과 색(色) 즉 자나 깨나 돈 조심, 여자조심을 합시다.

December | 07

목우인의 木遇人衣

♥ **목요일**, 목우인의(木遇人衣)란 나무 인형에 옷을 두루다는 뜻으로, 아무런 소용이 없는 인간을 비유한 말입니다.

★ 쪽발이의 유래는 발통이 두 조각으로 이루어진 물건을 뜻하는데, 일본 사람들이 주로 두 갈래로 된 나막신을 신고 다닌다 해서 쪽발이라 부르게 되었습니다.

♣ 러시아 격언에 여자에게 비밀을 털어놓는 것보다, 물이 새는 배로 바다를 건너는 편이 낫다고 하였습니다.

12 December | 08
금명간 今明間

♥ 금요일, 금명간(今明間)이란 오늘이나 내일 사이를 말합니다.

★ 두 도둑이 죽어서 저승에 갔습니다. 한 도둑은 남의 재물을 훔쳐 지옥에 갔고, 한 도둑은 남의 슬픔을 훔쳐 극락에 갔답니다.

♣ 적당한 술은 보약(補藥)의 으뜸이지만, 과음은 독약(毒藥)의 대두령(大頭領)입니다.

토사 吐絲

♥ **토요일**, 토사(吐絲)란 누에가 고치를 만들려고 실을 토해 내는 현상(現象)을 말합니다.

★ 건달의 유래는 불교의 건달파(乾達婆)에서 나온 말로, 건달파는 수미산 금강굴에 사는 신(神)입니다. 고기나 밥은 먹지 않고 향만 먹고 노래 부르며 허공을 날아다니는 존재로써, 원래 뿌리가 불확실하여 언제 어떻게 될지 모른다는 뜻이었으나, 요즘은 불량배나 깡패의 의미로 쓰이고 있습니다.

♣ 기도는 부처님이나 예수님처럼 살겠다는 소망이 기도의 본질입니다.

일언불중천어무용 一言不中千語無用

December | 10

♥ **일요일**, 일언불중천어무용(一言不中千語無用)이란 한 마디의 말이 맞지 않으면, 천 마디가 소용없다는 뜻입니다.

★ 얼간이의 유래는 음식에 소금을 대충 넣는 것을 사람에 비유하여, 약간 어리숙하고 어딘가 모자라는 사람을 일컫는 말이 되었습니다.

♣ 내가 누군가의 손을 잡기 위해서는 내 손이 빈손이어야 합니다.

December | 11

월출천개안 月出天開眼

♥ **월요일**, 월출천개안(月出天開眼)이란 달이 나타나니 하늘이 눈을 뜬 것 같다는 것입니다.

★ 이판사판(理判事判)은 조선시대에 불교를 탄압하자, 일부 승려들이 은둔(隱遁)하면서 참선과 수행으로 불법(佛法)을 잇고자 한 것을 이판(理判)이라 하였고, 또 일부 승려들은 종이나 신발을 만들어 팔면서 사찰(寺)을 유지하고자 노력하는 것을 사판(事判)이라 한 것에서 유래하였습니다.

♣ 건강을 위해 축배 하는 것은 질병을 위해 축배 하는 것이며, 질병은 쾌락에 부과하는 부과세금입니다.

12 December | 12
화병 畫餅

♥ **화요일**, 화병(畫餅)이란 화중지병(畫中之餅)의 줄임말로 그림의 떡이란 뜻이고, 실용적(實用的)이지 못함을 비유한 말입니다.

★ '면목(面目) 없다' 할 때 면목의 유래는 불교에서 참모습을 가르치는 말 면목에서 시작되었습니다. 면목 없다는 곧 참모습이 없다는 뜻입니다.

♣ 서서 일하는 농부는 앉아 노는 신사(紳士)보다 한결 거룩한 존재랍니다.

♥ 감사합니다. ♥ 고맙습니다. ♥ 사랑합니다.

December | 13

수자부족여모 豎子不足與謀

♥ 수요일, 수자부족여모(豎子不足與謀)란 어리고 경험이 부족한 사람과는 큰일을 도모(圖謀)할 수 없다는 뜻입니다.

★ 사미승(沙彌僧)은 불도를 닦는 20세 미만의 남자 승려를 말하고, 비구승(比丘僧)은 출가한 남자 스님을 말하며, 비구니(比丘尼)는 출가한 여자 스님을 말합니다.

♣ 돈은 경제생활의 안정제이고, 바른 예절은 사회생활의 안정제입니다.

12 December | 14

목우석인 木遇石人

♥ **목요일**, 목우석인(木遇石人)이란 나무나 돌로 만든 사람의 형상을 말합니다.

★ 아수라장의 유래는 고대인도 신화에 나오는 전쟁의 신 아수라가 싸움을 즐긴다 하여, 여러 사람이 엉켜 싸우는 장소를 그의 이름을 따서 아수라장(阿修羅場)이라 부르게 되었습니다.

♣ 베토벤의 교향곡5번 운명의 탄생은, 베토벤이 셋방살이 할 때 방값을 지불하지 못하자 주인이 매일 찾아와 대문 두드리는 소리(쾅,쾅,쾅,쾅)에서 영감을 얻어 만든 곡입니다.

December | 15

금준 金樽

♥ **금요일**, 금준(金樽)이란 화려(華麗)하게 꾸며 만든 술통을 말합니다.

★ 새옹지마(塞翁之馬)란 인생의 길흉은 항상 바뀐다는 뜻으로, 회남자의 인간훈(人間訓)에 나오는 말입니다. 북방의 한 늙은이가 기르던 말이 달아났다가 돌아올 때 준마(駿馬) 한 필을 데려왔는데 그의 아들이 그 준마를 타다 그만 떨어져 다리가 부러지는 바람에 전쟁터에 나가지 않게 되어 목숨을 구했다는 고사에서 유래하였습니다.

♣ 말만 하고 행동하지 않는 사람은 잡초로 가득 찬 정원과 같다고 했습니다.

December | 16

토파 討破

♥ **토요일**, 토파(討破)란 잘못된 남의 말을 공격(攻擊)하고 따지는 것을 말합니다.

★ 동짓날

동지는 일 년 중 낮이 가장 짧고 밤이 가장 긴 날로, 옛사람들은 이 날을 태양이 죽음에서 부활한다고 생각하였습니다. 그래서 동지를 설날 다음의 경사스러운 날로 지정하여 아세(亞歲) 즉 작은설이라 불렀답니다.

♣ 말을 잘하는 것은 지식의 영역이고, 말을 잘 듣는 것은 지혜의 영역입니다.

12 December | 17

일장춘몽 一場春夢

♥ **일요일**, 일장춘몽(一場春夢)이란 인생의 허무(虛無)함을 비유한 말입니다.

★ 동방의 등불

— 인도 시성 타고르 —

일찍이 아시아의 황금 시기에
빛나던 등불의 하나인 코리아
그 등불 다시 한 번 켜지는 날에
너는 동방의 밝은 빛이 되리라.

(1929년 4월 2일 동아일보에서 발표)

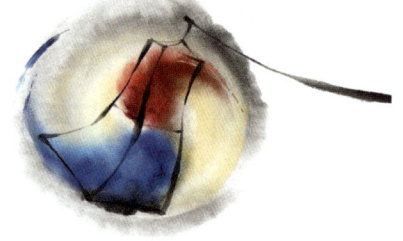

타고르가 말하기를
감사의 분량이 곧 행복의 분량이라고 하였습니다.

♣ 괴로움, 슬픔, 아픔, 미움을 지우고 삭제하는 것이 행복을 찾아가는 지름길입니다.

12 December | 18

월하점 月下點

♥ **월요일**, 월하점(月下點)이란 지구상에서 달의 바로 아래가 되는 지점을 말합니다.

★ 남이 나의 잘못을 지적하면 비판적인 것이고, 내가 남의 잘못을 지적하면 예리한 것이 된다고 하니, 이것이 바로 자기중심적 사고의 극치입니다.

♣ 밝은 마음으로 살아야 합니다. 마음이 밝아지면 몸에 어두운 그림자 즉 병이 발붙이지 못하니까요.

12 December | 19

화조화 花鳥畵

♥ **화요일**, 화조화(花鳥畵)란 꽃과 새를 그리는 동양화를 통틀어 일컫는 말입니다.

★ 장로(長老)란 힌두교와 불교에서 덕행이 높고 나이가 많은 비구승(比丘僧)을 장로라 하였습니다.

♣ 마음의 3대 악(惡)은 의심, 근심, 욕심입니다.
의심은 마음의 고름이고, 근심은 마음의 주름이며, 욕심은 마음의 지방 덩어리랍니다.

12 December | 20

수제조적 獸蹄鳥跡

♥ **수요일**, 수제조적(獸蹄鳥跡)이란 새나 짐승의 발자국이 천지에 가득하다는 뜻입니다.

★ 가장 낮은 자리인 외양간에서 태어나신 예수님은 기독교의 교주도, 기독교의 창시자도 아닙니다. 그분이 주장하신 사랑, 생명, 길, 빛 등 진리의 언어는 종교적 언어가 아니라 바로 우리들의 삶의 언어였습니다. 그리고 그분은 편히 쉴 집 한 채도 없었고, 때로는 굶주림에 시달려 걸신(乞神)들인 사람처럼 식사할 정도로 인간적인 분이셨습니다. 일부 기독교에서는 그분의 바람인 베풀기에는 관심이 없고, 오직 받치기 즉 돈벌이에만 관심이 있다고 하니, 이 일을 어찌할꼬~

♣ 어떤 어려운 문제도 사랑이 함께 하면 반드시 해결됩니다. (사랑이 뭐 길래~)

December | 21

목실유 木實油

♥ **목요일**, 목실유(木實油)란 동백기름의 또 다른 이름입니다.

★ 나이 서른셋(33세)에 하늘나라로 가신 예수님 앞에서 무병장수하시란 말은 예수님에 대한 독설일지도 모릅니다.

♣ 내가 사랑하는 만큼 너도 나를 사랑하라고 요구하는 것은, 조건이 붙기 때문에 사랑이 아니라 거래입니다.

12 December | 22

금란계 金蘭契

♥ **금요일**, 금란계(金蘭契)란 친목(親睦)을 도모하기 위해 친한 친구들끼리 만든 계를 말합니다.

★ 부처님이나 예수님은 절대 복을 준다고 우리에게 말 한 적이 없습니다. 그런데도 절이나 교회에 가서 복을 요구하는 사람은 부처님, 예수님에 대한 모독이자 복에 대한 절도이고, 강도질이라는 사실을 명심해야 합니다.

♣ 힘들 때 손 잡아주는 친구가 있다는 것은 행복(幸福)에 대한 당선자(當選者)이고, 그런 친구가 없다는 것은 행복에 대한 낙선자(落選者)입니다.

12 December | 23

토역 討逆

♥ **토요일**, 토역(討逆)이란 역적을 토벌하는 것을 말합니다.

★ 호래자식은 호노(胡奴)의 자식 즉 오랑캐의 노비 자식이란 뜻에서 유래하였습니다. 그리고 홀어미 밑에서 자란(후레자식) 버릇없고 막돼먹은 인간을 말하기도 합니다.

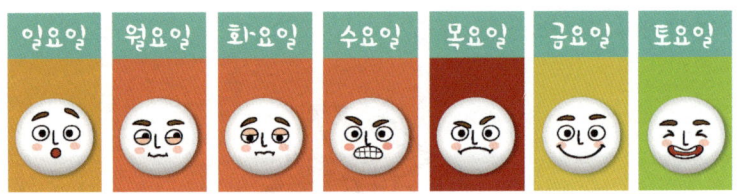

♣ 날씨는 당신이 결정할 수 없지만, 당신 마음의 기상(氣象)은 당신 마음대로 결정할 수 있습니다.

December | 24

일단사일두갱 一簞食一豆羹

♥ **일요일**, 일단사일두갱(一簞食一豆羹)이란 대나무로 만든 밥그릇에 제기(祭器) 하나에 떠 놓은 국이란 뜻으로 변변치 못한 밥상을 말합니다.

★ 사람을 얻을 때 욕심으로 얻으면 그 사람의 욕심을 얻고, 마음으로 얻으면 그 사람의 마음을 얻습니다.

♣ 하루를 희망찬 날로 만들려는 사람은 행복(幸福)의 주인공(主人公)이 되고, 나중에 혹은 다음 기회로 미루는 사람은 불행의 하수인이 됩니다.

♥ 감사합니다. ♥ 고맙습니다. ♥ 사랑합니다.

12 December | 25

월 月

♥ **월요일**, 월(月) 즉 달Moon의 신(神) 셀레나는 태양의 신(神) 헬리오스의 쌍둥이 여동생들입니다.

★ 생각은 현실의 씨앗이며, 절망은 희망의 뿌리입니다. 실패는 기회의 줄기이고, 한계는 비전의 잎입니다. 끝까지 인내해야 꽃을 피울 수 있지만 그 꽃마저 져야 열매를 맺습니다. 그리고 인간의 목적은 행복한 열매를 맺는 삶입니다.

♣ 남자는 늙어감에 따라 감정이 나이를 먹고, 여자는 늙어감에 따라 얼굴이 나이를 먹습니다.

12 December | 26
화성 火星

♥ **화요일**, 화성(火星)은 붉게 빛난다 하여 전쟁의 신 이름을 따서 '마르스 Mars'라고 합니다.

★ 대한민국 이름은 1895년 4월 17일 시모노세키조약 체결 때 중국의 이홍장과 일본의 이토히로부미가 지은 이름인 대한제국에서 '대한'과 중국의 중화민국에서 '민국'을 따서 1919년 4월 10일 상해 임시정부에서 대한민국이라 지었습니다. (웃어야 할지, 울어야 할지)

♣ 세상에서 가장 쉬운 일은 힘들 때 포기하는 일이고, 가장 어려운 일은 힘들 때 포기하지 않는 일입니다.

December | 27

수성 水星

♥ **수요일**, 수성(水星)은 해뜨기 2시간 전과 해진 후 2시간 사이에 만 하늘에 나타난다고 하여, 태양의 둘레를 바쁘게 움직이는 전령의 신 이름을 붙여 머큐리Mercury 라고 합니다.

★ 삿대질의 유래는 배의 삿대를 젓는 행동과 싸울 때 손가락질하는 모양이 비슷한 데서 유래하였습니다.

♣ 연애는 전쟁과 같은 것입니다. 시작하기는 쉽지만 끝내기는 어려우니까요.

December | 28

목성 木星

♥ **목요일**, 목성(木星)은 태양계에서 가장 큰 행성이므로 신들의 왕 이름을 따서 주피터 Jupiter 라고 합니다.

★ 정직을 두 어깨에 메고 다니면, 짐은 언제나 가볍고 마음은 언제나 자유롭습니다.

♣ 감사한 마음이 내 안에 자리 잡고 있으면 불평이나 절망은 찾아오지 못합니다.

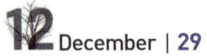 December | 29

금성 金星

♥ 금요일, 금성(金星)은 태양과 달을 제외한 가장 밝은 행성이므로 미의 여신 이름을 따서 비너스Venus라고 합니다.

★ 하루 강아지 범 무서운 줄 모른다고 할 때 하루는 '하릅'에서 파생되었는데, '하릅'은 나이가 한 살 된 개, 소, 말 등을 이르는 말입니다.

♣ 남자를 낙원(에덴동산)에서 쫓겨나게 한 것이 여자이며, 남자를 다시 낙원으로 인도 할 수 있는 것도 여자랍니다.

12 December | 30

토성 土星

♥ **토요일**, 토성(土星)은 황금빛이 난다하여 흙과 농경의 신 이름을 따서 새턴Saturn 이라 부르게 되었습니다.

★ 피라미드를 만들려면 무수히 많은 돌이 필요합니다. 그러나 돌로만 만들어지는 것이 아닙니다. 도전을 두려워하지 않는 마음과 긍정의 에너지가 피라미드를 만들어 낸 것입니다.

♣ 아름다운 말 한 마디는 나를 표현하는 내면의 향기랍니다.

12 December | 31

일 日

♥ **일요일**, 일(日) 즉 태양 Sun 은 그리스 사람들에겐 행성에 불가하였으며, 태양의 신 헬리오스 Helios 는 기껏해야 불의 수레를 끌고 여명의 여신인 이오스가 인도하는 길을 따라 매일 동쪽 하늘에서 서쪽 하늘로 나르는 일밖에 모른다고 생각하였습니다.

★ 모리배(謀利輩)란 예의와 도의를 무시하고 오직 이익만 꾀하는 무리를 말합니다.

♣ 웃을 때는 마음까지 웃어야 합니다. 얼굴 표정보다 마음 표정이 더 중요하니까요.

참고문헌

- 강춘, 「프러포즈 메모리」, 천케이
- 고도원, 「사랑합니다. 감사합니다」, 홍익출판사
- 구리료헤이·다케모도 고노스, 「우동 한 그릇」, 청조사
- 구지선, 「지는 것도 인생이다」, 성안당
- 김경훈, 「뜻밖의 한국사」, 오늘의 책
- 김부림, 「동양 고전의 힘」, 부광
- 김옥림, 「마음에 세기는 명품명언」, 미래북
- 김용한, 「짧은 글 큰 지혜」, 씽크뱅크
- 김욱, 「유대인 기적의 성공비밀」, 지훈
- 김진배, 「유머가 인생을 바꾼다」, 더블북 코리아
- 김진수, 「사색 꽁다리」, 시한울
- 나카시마 다카시, 「리더의 그릇」, 다산
- 나카야마 시게루, 이필렬·조홍섭 옮김, 「과학과 사회의 현대사」, 풀빛
- 노경원, 「늦지 않았어 지금 시작해」, (주)시드페이퍼
- 노학자, 「의심스러우면 쓰지말고 썼으면 의심하지 말자」, 파노라마
- 다이애나 홍, 「책 속의 향기가 운명을 바꾼다」, 모아북스
- 데이비드 사우스웰, 이종인 옮김, 「음모론」, 이마고
- 렁청진, 장연 옮김, 「지전」, 김영사
- 로자먼드필처, 「비에 젖은 꽃들」, 고려원
- 류정담, 「적을 내편으로 만드는 대화법」, 창작시대
- 리 볼먼, 테런스 딜, 「내 길에서 걷고 있는 영혼을 만나다」, (주) IGM세계경영연구원
- 리즈쥔, 유진아 옮김, 「혼자병법」, 비즈니스 맵
- 린다피콘, 「365 매일 읽는 긍정의 한줄」, 책이 있는 풍경
- 마이클 조, 김영숙 옮김, 「금을 부르는 공감화술」, 도서출판 나무물고기
- 모니카 봄두첸, 김현우 옮김, 「세계명화 비밀」, 생각의 나무
- 박은서, 「마음에 새겨두면 좋은 글」, 새론북스
- 박재희, 「3분 고전」, 도서출판 작은 씨앗
- 변양균, 「경제철학의 전환」, 바다출판사
- 블라디미르, 「한 걸음 앞으로 두 걸음 뒤로」, 서울대학교 자료선 출판부
- 사오유에, 「생각의 함정」, 씽크뱅크

- 송호근, 「이분법 사회를 넘어서」, (주)다산북스
- 쇼팬하우스어, 「지혜의 명언」, 꿈과 희망
- 스테판M. 폴란, 마크레빈, 노혜숙 옮김, 「다 쓰고 죽어라」, 해냄출판사
- 스티븐 호킹, 현정순 옮김, 「시간의 역사」, 삼성출판사
- 스팬서 존슨, 형선호 옮김, 「선물」, (주) 알에이치 코리아
- 신영복, 「감옥으로 부터의 사색」, 돌베개
- 신장렬, 「일어나라」, 도서출판 그루
- 신호웅, 「난세 인간 경영」, 경혜
- 심상훈, 「공자와 잡스를 잇다」, 멘토
- 아이작 싱어, 「인간쓰레기」, 고려원
- 아잔 브라흐마, 류시화 옮김, 「술 취한 코끼리 길들이기」, 연금술사
- 알루보물레 스마나사라, 신선희 옮김, 「나를 다스리는 마음 처방전」, 동해출판
- 엘버트 허버드, 「가르시아 장군에게 보내는 편지」, 새로운 제한
- 열여, 「날마다 새롭게」, 예담
- 오세키 소엔, 「신경 쓰지 않는다」, 큰나무
- 오연천, 「결정의 미학」, 21세기북스
- 유시민, 「청춘독서」, 웅진 지식하우스
- 유재근, 「눈썹에 종을 매단 그대는 누구인가」, 나들목
- 이기주, 「말의 품격」, 황소북스
- 이기주, 「언어의 온도」, 말글터
- 이기주, 「적도 내편으로 만드는 법」, 황소북스
- 이덕일, 「조선왕 독살사건」, 다산초당
- 이득형, 「유머와 화술」, 안다미로
- 이리유카바 최, 「그림자 정부」, 해냄출판사
- 이명수, 「한국 오백년 야사」, 지성문화사
- 이수광, 「부의 얼굴신용」, 스타리치 북스
- 이외수, 「그리움도 화석이 된다」, 동문선
- 이외수, 「꿈꾸는 식물」, 고려원
- 이외수, 「나는 결코 세상에 순종할 수 없다」, 해냄출판사
- 이외수, 「내가 너를 향해 흔들리는 순간」, 해냄출판사
- 이외수, 「바보 바보」, 해냄출판사
- 이외수, 「버림받은 것들을 위하여」, 금문서관
- 이외수, 「벽오금학도」, 해냄출판사

- 이외수, 「사부님 싸부님 1,2」, 해냄출판사
- 이외수, 「아불류 시불류」, 해냄출판사
- 이외수, 「여자도 여자를 모른다」, 해냄출판사
- 이외수, 「장외 인간」, 해냄 출판사
- 이외수, 「절대 강자」, 해냄출판사
- 이외수, 「청춘불패」, 해냄출판사
- 이외수, 「하악하악」, 해냄출판사
- 이우각, 「조선역사의 비밀」, 한국학 자료원
- 이우영 편역, 「고사성어 대백과」, 손빛
- 이재규 편, 「무엇이 당신을 만드는가」, 위즈덤 하우스
- 이재명·정문훈 저, 「단어따라 어원따라 세계문화 산책」, 미래의 창
- 이한우, 「왕의 하루」, 김영사
- 임원화, 「하루 10분 독서의 힘」, 미다스 북스
- 임헌영, 「명작 속의 여성」, 공동체
- 제임스C, 흄즈 저, 이채진 옮김, 「링컨처럼 서서 처칠처럼 말하라」, 시아출판사
- 조항범, 「우리말 어원 이야기」, 예담
- 지그지글라, 「정상에서 만납시다」, 학일출판사
- 진중권, 「생각의 지도」, 천년의 상상
- 짐 스토벌, 정지운 옮김, 「최고의 유산 상속받기」, 예지
- 채사장, 「지적 대화를 위한 넓고 얕은 지식」, 한빛비즈
- 최염순 엮음, 「카네기 명언집」, 카네기연구소
- 최종길, 「사랑한다 더 많이 사랑한다」, 밝은 세상
- 케빈케롤·밥 엘리엇, 「요점만 한 말씀」, 경성라인
- 톰 슐만, 「죽은 시인의 사회」, 도서출판 모아
- 한기욱, 「병법 삼십육계」, 고려원
- 혜민스님, 「멈추면 비로소 보이는 것들」, 쌤앤 파커스
- 황원갑, 「한국사를 바꾼 여인들」, 책이 있는 마을
- D,카네기 부부, 「화술로 성공하라」, 율곡문화사
- H,J,슈퇴릭히, 「세계 철학자 상,하」, 분도 출판사

365일, 씨詩 부리지마라

초판 인쇄	2019년 10월 11일
초판 발행	2019년 10월 19일

지 은 이	박해양
발 행 인	김길현
발 행 처	(주)골든벨
등 록	제 1987–000018 호 ⓒ 2019 Golden Bell
I S B N	979-11-5806-411-2
가 격	16,000원

이 책을 만든 사람들

책 임 교 정	김만복	교 정	황명숙 · 조혜숙
편 집	이상호	디 자 인	조경미, 김한일, 김주휘
표 지 디 자 인	조경미	제 작 진 행	최병석
웹매니지먼트	안재명, 최레베카, 김경희	오프마케팅	우병춘, 강승구, 이강연
공 급 관 리	오민석, 김정숙, 김봉식	회 계 관 리	이승희, 김경아

㈜04316 서울특별시 용산구 원효로 245(원효로1가) 골든벨 빌딩 5~6F
• TEL : 도서 주문 및 발송 02-713-4135 / 회계 경리 02-713-4137
　　　　　내용 관련 문의 02-713-7452 / 해외 오퍼 및 광고 02-713-7453
• FAX : 02-718-5510　　• http : // www.gbbook.co.kr　　• E-mail : 7134135@naver.com

이 책에서 내용의 일부 또는 도해를 다음과 같은 행위자들이 사전 승인없이 인용할 경우에는
저작권법 제93조「손해배상청구권」에 적용 받습니다.
① 단순히 공부할 목적으로 부분 또는 전체를 복제하여 사용하는 학생 또는 복사업자
② 공공기관 및 사설교육기관(학원, 인정직업학교), 단체 등에서 영리를 목적으로 복제·배포하는
　 대표, 또는 당해 교육자
③ 디스크 복사 및 기타 정보 재생 시스템을 이용하여 사용하는 자

※ 파본은 구입하신 서점에서 교환해 드립니다.